车站工作组织

卢剑鸿　主　编
贾拴航　副主编
元　铭　主　审

重庆大学出版社

内容提要

本书以地铁车站站务工作者为主要受众对象,涵盖车站日常工作组织所涉及到的行车、安全、服务、票务、设备操作和应急知识。本书遵循"实际、实用、实效"的原则,根据城市轨道交通发展对车站站务人员技能知识的新要求,结合城轨人员培训及技能提升的要求,注重结构和内容的创新。以初、中、高级工所掌握的基本技能为章节划分,由浅入深,梯级推进,让读者在巩固和拓展知识的同时,掌握解决问题的方法技巧,以达到更高的能力素养要求。

本书不仅可以作为新上岗员工岗位技能培训之用,也可以作为内部转岗员工技能培训及大中专院校定向培养的教学参考文献。

图书在版编目(CIP)数据

车站工作组织 / 卢剑鸿主编. --重庆:重庆大学
出版社,2020.1
ISBN 978-7-5689-1689-9

Ⅰ.①车… Ⅱ.①卢… Ⅲ.①轨道交通—铁路车站—
行车组织—高等职业教育—教材 Ⅳ.①U292.1

中国版本图书馆 CIP 数据核字(2019)第 157586 号

车站工作组织

卢剑鸿 主 编
贾拴航 副主编
策划编辑:周 立

责任编辑:文 鹏 邹 忌 版式设计:周 立
责任校对:谢 芳 责任印制:张 策

*

重庆大学出版社出版发行
出版人:饶帮华
社址:重庆市沙坪坝区大学城西路 21 号
邮编:401331
电话:(023)88617190 88617185(中小学)
传真:(023)88617186 88617166
网址:http://www.cqup.com.cn
邮箱:fxk@ cqup.com.cn(营销中心)
全国新华书店经销
重庆俊蒲印务有限公司印刷

*

开本:787mm×1092mm 1/16 印张:10.5 字数:245千
2020 年 1 月第 1 版 2020 年 1 月第 1 次印刷
印数:1—5 000
ISBN 978-7-5689-1689-9 定价:49.00 元

编审委员会

QIANYAN 前　言

　　地铁因其快捷、准点、安全、便利的特点，现已成为很多市民首选的出行方式。地铁设备结构复杂，高新技术广泛应用，要保障这样一个系统安全和高效，必须依靠与之匹配的高素质员工。

　　随着西安地铁运营线路的不断增长，员工队伍大幅度增加，车站一线服务员工的比例增长明显。基层员工直接承担着一线具体的运营生产任务，代表着西安地铁企业服务的形象，其业务水平及工作能力决定了地铁能否正常的运行，能否为乘客提供优质满意的服务。

　　要保障运营的安全和服务质量，必须依靠岗位知识扎实、技能水平一流的高素质员工。培养一批责任心强、业务过硬、技艺精湛的能工巧匠，才能确保安全运营生产。

　　为了使员工在短时间内熟悉环境、进入工作角色。该教材在内容方面力求全面、完整，在注重实操技能培养的基础上，图文并茂，通俗易懂，尽可能的将理论问题讲解清楚，并在文字表达上言简意赅。

　　本书主编卢剑鸿，副主编贾拴航，参与编写的有杜丽娟、张文韬、封沛文、郝雪羽、王梦昕、张亚楠，主审元铭，参与审核刘凯、刘蒙、崔维娟、欧洋、张晓军。由于时间仓促，编写人员经验不足，本书难免在内容与层次方面有不当之处，敬请批评指正，提出宝贵意见和建议。

编委会

2019 年 9 月

MULU 目录

项目一　通用基础知识概述

任务 1.1　车站各职业（岗位）概况

1.1.1　职业描述

（一）站务员

在值班站长的领导下,协助值班员做好站台接发车、站台巡视和票亭服务等工作,具体又分为站台岗、票亭岗,在当班期间可以由站长或值班站长根据需要进行灵活调整。

（二）值班员

在值班站长的领导下,协助值班站长做好行车设备监控、施工办理、应急行车组织、车站票务管理和乘客服务等工作,具体又分为行车值班员、客运值班员,在当班期间可以由站长或值班站长根据需要进行灵活调整。

（三）值班站长

值班站长是当班班组的总指挥,负责组织和落实好本班行车组织、客运服务、施工组织、人员管理、站区综合治理等工作。

1.1.2　各岗位职责

（一）站务员

（1）共性

1）严格执行安全作业规程,落实各项安全规章。

2）严格执行客运服务作业标准,做好客运服务工作。

3）负责及时向值班站长、值班员报告异常情况和问题。

4）紧急情况下,开展有关应急工作。

5）发现问题及时上报,并记录。

（2）站台岗位职责

1）监视列车运行状态、候车乘客动态,确保列车正常运行和乘客人身安全。

2）按照站台作业标准进行接发车及乘客服务工作。

3）若发现屏蔽门故障等异常情况及时采取措施,并与车控室联系。

4）回答乘客询问,在力所能及的范围内,尽量帮助乘客解决问题,特别注意帮助老、弱、病、残等需要提供帮助的乘客。

（3）票亭岗位职责

1）对待乘客要热心、耐心、细心,做好乘客服务工作。

2）按"一收、二唱、三操作、四找零"的程序进行作业。

3）负责车站票务中心当班的售票工作。

4）保管当班报表、单据、现金、车票、票务钥匙、车站票务中心相关备品,并负责其安全。

5）完成相应票务报表的填写。

6）协助处理票务紧急情况。

（二）值班员

（1）共性

1）严格执行安全作业规程,落实各项安全规章。

2）负责及时向相关岗位报告异常情况和问题。

3）紧急情况下,开展有关应急工作。

4）发现问题及时上报,并记录。

（2）行车值班员岗位职责

1）在值班站长的领导下,主管车站行车工作。

2）监控列车运行状态,服从行调指挥,执行行调命令,严格按列车运行图组织行车。

3）严格执行一次作业程序,熟悉行车设备的性能,掌握操作方法,严格按照相关规定做好施工管理与组织工作。

4）监控车站各项设备状态,及时上报设备故障并做好登记。

5）控制车站广播,密切关注监视屏,掌握站台乘客动态,发现危及行车或乘客人身安全的紧急情况时应及时制止,按有关规定采取有效措施及时妥善处理,并将情况上报有关部门。

6）信号系统出现故障时负责现场人工排列线路。

7）保管、使用行车设备备品,正确填写各种行车台账,字迹清楚。

8）负责站内施工办理,监督施工安全,按照分公司规章卡控施工作业。

9）遇突发事件、恐怖袭击或设备故障等特殊情况,应按规定上报,通知值班站长启动《突发事件处置预案》,并根据控制中心调度员的命令积极稳妥地做好应急处置工作。

10）值班站长不在车控室时代理其职责。

（3）客运值班员岗位职责

1）在值班站长的领导下,主管车站客运工作。

2）负责车站票款的解行、车站与银行打包返纳的工作。

3）负责TVM钱箱更换、补币、清点以及票箱的补票工作。

4）安排并监督站务员的票务工作,负责给售票员配票、配备用金以及结账的工作。

5）完成相关票务报表、台账的填写;负责每月报表的装订和存档。

6）负责车票、报表的接收、上交等工作。

7）保管车站票务管理室的车票、现金、报表、单据、票务备品、票务钥匙,并负责其安全。

8）处理与乘客相关的票务事宜,协助值班站长处理票务紧急情况。

(三)值班站长

(1)在站长的领导下,组织站内员工开展车站各项工作。

(2)安排车站行车组织、票务管理、乘客服务工作。

(3)处理车站突发紧急事件、应急处置工作。

(4)负责本班组员工的管理、岗位培训。

(5)搞好车站综合治理管理,并积极配合和协调各方关系。

(6)负责本班组(车站)的安全管理工作,参与安全检查、指导员工安全作业、纠正违章作业、组织落实安全问题的整改、执行各级领导制订的安全生产计划。

任务 1.2　基本设备概况

1.2.1　轨道

轨道是用于引导机车车辆运行方向,并直接承受由机车车辆的轮对传来的巨大压力,使之传递、扩散到路基及桥梁隧道建筑物上的整体工程结构,钢轨还有为供电、信号电路提供回路的作用;是地铁的主要技术装备之一,也是行车的基础。

轨道是由钢轨、轨枕、道床、联结零件、防爬设备及道岔六个主要部分组成,如图 1-1 所示。

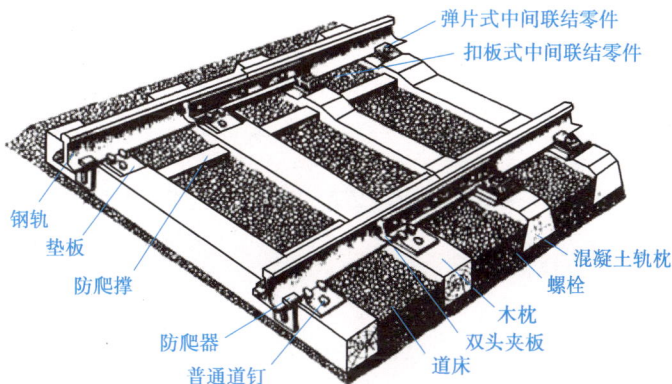

图 1-1　轨道组成

(一)钢轨

钢轨的作用是引导车轮的运行方向,直接承受车轮的巨大压力,并承受机车轮周牵引力的反作用力和列车制动时的摩擦力,将其传递给轨枕。它的断面形状为工字形,有轨头、轨腰、轨底三部分,如图1-2所示。

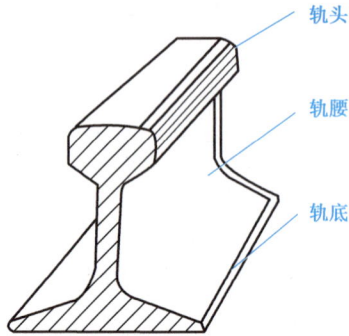

图1-2 钢轨

(二)轨枕

轨枕的作用是支承钢轨,并将钢轨传来的压力均匀地传递给道床,同时有效地固定钢轨的位置,保持钢轨轨距。

(三)道床

道床是铺设在路基上的石砟垫层。其主要作用是支承轨枕,把从轨枕传来的压力均匀地传递给路基;固定轨枕的位置,阻止轨枕纵向或横向移动;缓和机车车辆轮对钢轨的冲击。地铁线路地面线一般采用碎石道床,隧道内普遍采用整体式道床。

(四)联结零件

钢轨必须通过联结零件才能固定在轨枕上,钢轨之间也需要用联结零件连成整体。常用的联结零件包括夹板(鱼尾板)、螺栓、道钉、扣件等。地铁整体道床普遍采用弹性分开式扣件,这种扣件在一定程度上弥补了整体道床弹性不足的缺陷。

(五)道岔

道岔是机车车辆从一股道转入或越过另一股道的线路设备,是轨道系统的重要组成设备,也是轨道的薄弱环节之一。道岔可分为单开道岔、单式对称道岔、三开道岔、交叉渡线和交分道岔等,如图1-3、图1-4所示。

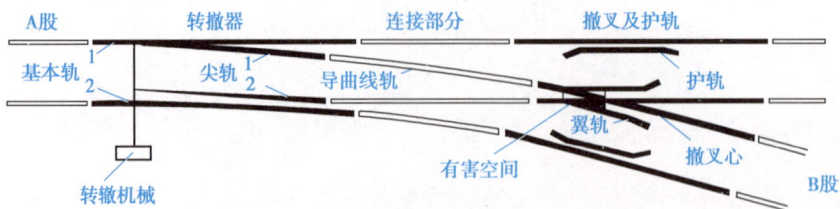

图1-3 普通单开道岔

1.2.2 车辆

(一)车辆的构成

车辆主要由机械部分、电气部分、转向架、辅助供电系统车钩及缓冲装置、列车控制和故障诊断系统、制动系统、乘客信息系统、空调通风系统构成。

(二)车辆主要参数

车体长:中间车 19 000 mm,带司机室的拖车 19 500 mm,车辆高度(不含受电弓)3 790 mm;车体宽度:2 800 mm;转向架轴距:2 200 mm;车钩距轨面高度:660 mm;车轮直径:新轮直径 840 mm,半磨耗轮 805 mm,最大磨耗轮 770 mm。

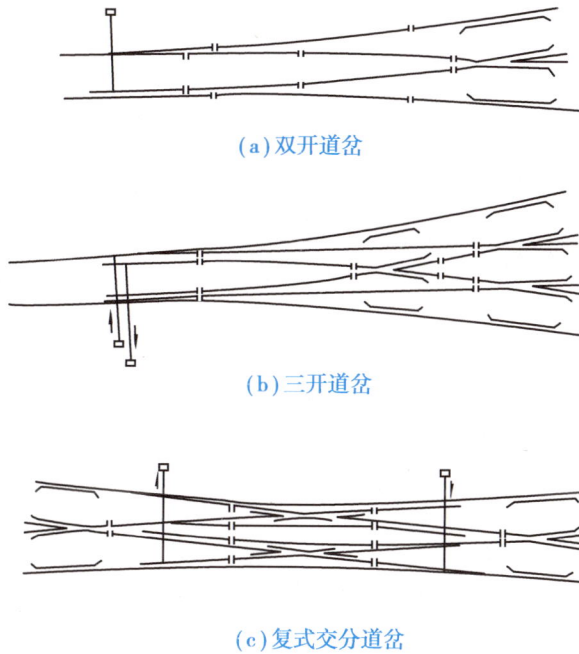

(a)双开道岔

(b)三开道岔

(c)复式交分道岔

图 1-4　双开道岔、三开道岔、复式交分道岔

(三)车辆型式

Tc 车:有司机室的拖车。

T 车:无司机室的拖车。

M 车:不带受电弓的动车。

Mp 车:带受电弓的动车。

(四)列车编组方式

采用 6 辆编组列车即:=Tc * Mp * M * T * Mp * Tc=

=:半自动车钩

*:半永久牵引杆

1.2.3 信号

信号是指示列车运行及调车工作的命令,有关行车人员必须按信号指示办理行车业务。在轨道交通线路上,为了保证列车运行和调车作业的安全,设有各种形式的信号,用来指挥列车运行和调车作业。利用这些信号,向列车或调车车列指示运行条件、线路状况及列车或车辆的位置等。列车或车辆必须绝对执行信号显示的命令。

轨道交通信号设备是信号、联锁、闭塞设备的总称,它在运输工作中用来迅速、正确地指挥列车运行和调车工作,确保列车运行和调车工作的安全,提高车站和区间的通过能力。

1.2.4 联锁

联锁是指信号系统中的信号机、道岔和进路之间建立一定的相互制约关系。如进路防护信号机在开放前检查进路空闲、道岔位置正确及敌对进路未建立等,信号机开放后,道岔不能转动。

(一)联锁的定义

为了保证列车运行及调车作业的安全,必须在有关的道岔、进路与信号三者之间建立一种相互制约、相互检查、相互依存的关系,这种关系叫联锁。联锁主要有电气集中联锁和微机联锁。为了完成联锁关系而安装的技术设备叫联锁设备。地铁系统联锁设备一般分为继电器联锁和计算机联锁。西安地铁一号线车辆段/停车场信号设备采用 DS6-60 型微机联锁控制系统和 TJWX-2006 信号集中微机监测系统,信号机和道岔由信号楼集中控制。

(二)进路的定义

在车站、车场或规定停留地点的列车、车辆由一个地点到另一个地点运行中所经过的路径叫进路。进路可以分为列车进路和调车进路两种。

敌对进路的基本状态和含义:

(1)同一到发线上对向的列车进路与列车进路。

(2)同一到发线上对向的列车进路与调车进路。

(3)同一咽喉区内对向或顺向重叠的列车进路与调车进路。

(4)同一咽喉区内对向重叠的列车进路与列车进路。

(5)同一咽喉区内对向重叠的调车进路与调车进路。

(6)同一咽喉区内对向重叠的列车进路与防护进路;信号机放在侵限轨道电气绝缘处,禁止同时开通的进路。

(三)联锁关系的基本条件

(1)进路不对、进路上的有关道岔开通位置不对或敌对信号机没有关闭,有关信号机就不能开放。

(2)进路上的信号机一旦已经开放,显示进行信号,进路就被锁闭,进路上所有有关道岔就不能被扳动,故对信号机就不能开放。

(3)当进路上有停留的列车(车辆)时,列车进路就无法开放,包括不能扳动道岔和开放防护信号机的进行信号。

(四)联锁关系的目的

联锁关系实际上是一种技术保障的条件和措施,使用联锁的目的是保证列车运行、调车作业的安全,提高运行的效率。联锁控制是利用继电器元件作为开关来远程控制相关进路的联动以及用先进计算机软件来自动控制、自动设置进路的联动关系。最终使运行能够遵循一定的规范和秩序,防止行车事故产生。

(五)联锁设备具备的功能

(1)当进路建立后,该进路上的道岔不可能转换。

(2)当道岔区段有车占用时,该区段的道岔不可能转换。

(3)列车进路向占用线路开通时,有关信号机不可能开放(引导信号除外)。

(4)能监督是否挤岔,并于挤岔的同时,使防护该进路的信号机自动关闭。被挤道岔未恢复前,有关信号机不能开放。

1.2.5 供电

牵引供电系统由牵引变电所和牵引网组成,其中牵引变电所和接触网是牵引供电系统的主要组成部分。在地铁牵引供电系统中,电能从牵引变电所经馈电线、接触网输送给电动列车,再从电动列车经钢轨(称轨道电路)、回流线,流回牵引变电所。由馈电线、接触网、轨道回路及回流线组成的回路的供电网络称为牵引网。

(一)供电系统的组成

接触网:按其结构可分为架空式和接触轨式;按其悬挂方式又可分为柔性(弹性)接触网和刚性接触网。习惯上,由于接触式是沿线路敷设的与轨道平行的附加轨,故又称为第三轨;而采用架空式时,才称为接触网。

牵引变电所:供给地铁一定区域内牵引电能的变电所。

馈电线:从牵引变电所向接触网输送牵引电能的导线。

回流线:用以供牵引电流返回牵引变电所的导线。

电分段:为便于检修和缩小事故范围,将接触网分成若干段称为电分段。

(二)供电方式

牵引变电所向接触网(或接触轨)供电方式有两种,即单边供电和双边供电。地铁接触网(或接触轨)在每个牵引变电所附近由电分段进行电气隔离,分成两个供电分区,每个供电分区也称为一个供电臂,如列车只从所在供电臂上的一个牵引变电所获得电能,这种供电方式称为单边供电。如一个供电臂同时从相邻两个牵引变电所获得电能,则称为双边供电。一般来说,车辆段内采用单边供电方式,正线采用双边供电方式。在采用双边供电时,当某一牵引变电所发生故障退出运行时,该段接触网就成了单边供电。

（三）柔性接触网的结构与特点

柔性接触网分为简单接触悬挂和链接接触悬挂两种基本类型，主要由支柱与基础（隧道为支撑部件）、支持装置和接触悬挂及附加导线等几部分组成。

（四）刚性接触网的结构与特点

刚性悬挂是与各弹性悬挂相对应的一种接触悬挂方式，所谓刚性悬挂就是要考虑整个悬挂导体的刚度。架空刚性悬挂是刚性悬挂的一种，一般采用具有相应刚度的导电轨或具有相应刚度的汇流排与接触线组成。

1.2.6 列车运行图

（一）基本概念

（1）运营时刻表是列车在车站、出入段（场）、车辆段（场）出发、到达（或通过）及折返时刻的集合。

（2）列车运行图是利用坐标原理表示列车运行状况的一种图解形式，是根据"运营时刻表"铺画的运行图。

（3）行车时间以北京时间为准，从零时起计算，实行 24 h 制。行车日期的划分是以零时为界，零时以前办妥的行车手续，零时以后仍为有效。

（二）列车运行图的作用

（1）列车运行图是组织列车运行的基础

列车运行是一个很复杂的环节，它要求各个部门、工种、作业之间相互协调配合，才能保证列车安全和提高运输效率。列车运行图规定了各次列车占用区间的顺序、列车在一个车站到达和出发（或通过）的时刻、列车在区间的运行时分、列车在车站的停站时分、折返站列车折返作业时间及出入段时刻。列车运行图在保证城市轨道交通运营各部门的相互配合和协调动作上起到了重要的组织作用。

（2）列车运行图是运行组织的一个综合性计划

运营生产是一个统一的整体，涉及城市轨道交通运营的各业务部门都需要根据列车运行图所规定的要求来安排工作。例如，车站根据运行图所规定的列车到达和出发时刻，安排本站行车和客运组织工作；车辆维修部门每天运营前要整备好运营需求的列车数；乘务部门要根据列车运行图的要求确定电客车司机的作息时间及车辆段（场）的接发车计划；设施设备部门也要求根据列车运行图的规定来安排施工计划和维修计划。因此，列车运行图是城市轨道交通运行组织的一个综合性计划。

（三）列车运行图的分类

（1）按区间正线数分为单线运行图和双线运行图。

（2）按列车之间运行速度差异分为平行运行图和非平行运行图。

（3）按上下行方向的列车数分为成对运行图和不成对运行图。

（4）按同方向列车运行方式分为连发运行图和追逐运行图。

（5）按使用范围分为日常运行图、节假日运行图和其他特殊运行图。

(四)列车运行图的图解表示要素

(1)横坐标表示时间变量,按要求用一定的比例进行时间划分,一般城市轨道交通列车运行图采用 1 分格、2 分格或 10 分格,即每一等分表示 1 min 或 2 min、10 min。

(2)纵坐标表示距离分割,根据区间实际里程,采用规定的比例,以车站中心线所在位置进行距离定点。

(3)垂直线是平行的等分线,表示时间等分段。

(4)水平线是平行的不等分线,表示各个车站中心线所在的位置。

(5)斜线是列车运行轨迹(路径)线,一般规定上斜线表示上行列车,下斜线表示下行列车。

(6)运行线与车站交点。在列车运行图上,列车运行线与车站的交点即表示该列车到达、出发或通过的时刻。

复习思考题

(1)站务员的岗位职责是什么?

(2)行车值班员的岗位职责是什么?

(3)客运值班员的岗位职责是什么?

(4)值班站长的岗位职责是什么?

(5)轨道的主要组成部分有哪些?

(6)简述道岔的定义及其分类。

(7)电客车的车辆形式及列车编组模式是什么?

(8)什么是联锁?

(9)联锁关系的基本条件是什么?

(10)联锁设备具备的功能是什么?

项目二　初级工理论知识及实操技能

任务 2.1　行车工作

客运服务规范
及案例
教学视频

　　轨道交通站台有着列车停靠时间短、乘客乘降数量多且快的特点，而且车门、屏蔽门等设备联动控制，因此站台作业是站务员行车工作的重点，站务员需具备熟练操作站台行车设备、工器具、接发列车的能力。

　　车辆段（场）接发列车工作是地铁运营生产的重要工作，是地铁运营工作中不可缺少的重要环节，所有运营的电客车在上线运营前和运营结束后都要停放在车辆段（场）进行检修作业。负责正线开行施工及救援、抢险的列车和电客车调试开行。因此，车辆段（场）接发列车工作应严格按照《列车运行图》规定时刻办理接发列车及根据行调的命令时间，安全、正点地接发列车，是车辆段（场）接发列车工作的重要任务。

2.1.1　接发列车

车站接发列车程序

　　（1）站台 PIS 屏显示"即将进站"时，站台岗在紧急停车按钮附近面对屏蔽门立岗接车（立岗位置为脚后跟对应于绝缘胶与大理石缝隙间）。

　　注：列车进站前，见车头灯时，站台岗报告车控室"××方向列车进站"，车控室利用 CCTV 监控列车运行、乘客上下车情况、屏蔽门及端墙门状态，站台岗在紧急停车按钮处立岗接车，如图 2-1 所示。

　　（2）见到车头灯时向车头灯方向旋转 90°立岗，如图 2-2 所示。

　　（3）列车越过接车地点（立岗位置）时旋转 90°面向屏蔽门站立，如图 2-3 所示。

　　（4）列车停稳开门时，查看屏蔽门是否开启，并面向扶梯口或楼梯口组织乘客有序上下车，提醒乘客注意脚下安全，如图 2-4 所示。

　　（5）列车关门时背对屏蔽门平举右手（与身体呈 90°），手掌伸开向前，防止乘客抢上抢下造成夹人夹物情况，同时查看屏蔽门是否完全关闭，如图 2-5 所示。

图 2-1　立岗接车

图 2-2　旋转 90°立岗

图 2-3　面向屏蔽门站立

图 2-4　面向扶梯口或楼梯口站立

图 2-5　伸手防止抢上抢下

（6）屏蔽门完全关闭后移动至紧停位置，面对屏蔽门目送列车出清本站头端墙后站台岗方可移动进行巡视工作。若发现异常，立即按压紧停按钮，同时呼叫司机"××方向司机不要动车，现出现××情况需要处理"。司机回应后报车控室情况，必要时请求支援。站台岗方可移动进行巡视工作，如图2-6所示。

图2-6　巡视

（7）注意事项：

1）接车时必须执行完整的接车程序，无特殊情况严禁本次列车未出清又转移至另一端站台接车。

2）对于上下行列车同时到站的情况，各站可根据本站客流情况确定站台岗接车规定：如站台岗接发一侧列车，另一侧主要由行车值班员负责监控，同时保安人员配合作业。

3）清客时：完毕后应及时向司机显示"好了"信号（司机关闭屏蔽门后收回）。

4）最后一趟车：接完最后一趟载客列车后，负责将站台乘客清上站厅。

2.1.2　手信号指挥行车

轨道交通的列车控制和车站屏蔽门控制一般都实现了自动化，正常情况下站台站务员接发车工作以客运组织为主，不需要介入行车相关工作，只有在自动控制出现故障等异常情况下才需要站务员介入行车工作。站务员按照行车值班员命令，显示手信号，指挥列车在站台到发作业。手信号是借助信号旗、信号灯或直接徒手显示的行车指挥号令，站务员应严格按行车值班员的指令向司机显示正确信号，见表2-1。遇紧急情况不能及时取得信号灯及信号旗时，也可徒手显示信号，见表2-2。

表2-1　手信号的显示

序号	类　别	显示方式	
		昼　间	夜　间
1	停车信号：要求列车停车	展开的红色信号旗，无信号旗时，两臂高举头上，向两侧急剧摇动	红色灯光

序号	类别	显示方式	
		昼间	夜间
2	紧急停车信号:要求司机紧急停车	展开红旗下压数次,无信号旗时,两臂高举头上,向两侧急剧摇动	红色灯光下压数次
3	减速信号:要求列车降低速度运行	展开的黄色信号旗	黄色信号灯光
4	发车信号:要求司机发车	展开的绿色信号旗上弧线向列车方面作圆形转动	绿色灯光上弧线向列车方面作圆形转动
5	通过手信号:准许列车由车站通过	展开的绿色信号旗	绿色灯光
6	引导信号:准许列车进入车站或车辆段/停车场	展开黄色信号旗高举头上左右摇动	黄色灯光高举头上左右摇动
7	好了信号:某项作业完成	用拢起信号旗作圆形转动	白色灯光作圆形转动
8	降弓信号	左臂垂直高举,右臂前伸并左右水平重复摇动	白色灯光上下左右重复摇动
9	升弓信号	左臂垂直高举,右臂前伸上下重复摇动	白色灯光作圆形转动

表 2-2　徒手信号显示方式

序号	类别	显示方式
1	紧急停车信号(含停车信号)	两手臂高举头上,向两侧急剧摇动
2	三、二、一车信号	单臂平伸后,小臂竖直向外压直,反复三次为三车、二次为二车,一次为一车
3	连挂信号	紧握两拳头高举头上,拳心向里,两拳相碰数次
4	试拉信号	如本表第5或第6项,当列车刚起动马上给停车信号(第1项)
5	向显示人方向稍行移动	左手高举直伸,右手平伸小臂左右摇动
6	向显示人反方向稍行移动	左手高举直伸,右手向下斜伸,小臂上下摇动
7	好了信号	单臂向列车运行方向上弧圈做圆形转动

2.1.3 电话闭塞

(一)电话闭塞法的定义

电话闭塞法是人工办理闭塞的一种方法,是车站之间或车站与车辆段(停车场)之间以电话记录号作为确认闭塞区间空闲的凭证,填写路票交付司机,利用路票作为列车占用区间的凭证,以值班员及以上(或指定胜任人员)的发车手信号作为发车凭证的一种行车方法。

行调发布电话闭塞法组织行车的调度命令后,执行电话闭塞法行车的区间内列车采用 NRM 模式驾驶,执行电话闭塞法行车的车站发出的首列车限速 25 km/h,同方向后续列车限速 40 km/h,折返作业限速 15 km/h。

(二)采用电话闭塞法组织行车的条件

(1)一个或多个联锁区联锁设备故障时。

(2)中央及车站工作站上一个或多个联锁区均无法对线路运行车辆进行监控时。

(3)后卫寨与西咸车辆段,纺织城与灞河停车场,北客站与渭河车辆段,韦曲南站与潏河停车场,保税区与港务区车辆段,或鱼化寨与鱼化寨停车场信号设备故障联锁失效时,或正线与车辆段/停车场信号接口故障时。

(4)根据现场情况需要采用电话闭塞法组织行车时(单个设备故障原则上不采用电话闭塞法组织行车)。

(三)电话闭塞的闭塞区间

正线采用"一站一区间"组织行车,即相同运行方向连续两架相邻出站信号机间的区域。一个闭塞区间只允许一列车占用。

(四)电话记录号码使用规定

电话记录号码自每日 0 时起至 24 时止,按日循环编号。电话记录号由五位数字组成,前两位为停车场/车辆段及车站编号(一号线为 10—30、二号线为 00—22、三号线为 00—27),后三位为序列号。上行使用双数序列号,下行使用单数序列号。

同一天内(每日 0 时起至 24 时止)电话记录号码一经发出,无论生效与否均不得重复使用。

车站自行编制并打印各自电话记录号码本。编制原则为:编写上、下行使用的 2 组号码,每组至少 200 个号码,号码顺序应交错,每页内不得有重号。行车值班员应按已编制号码表格中的顺序使用,用后画"×"以示注销。

(五)路票

(1)路票的定义:使用电话闭塞法组织行车时,列车占用区间线路的行车凭证。(上行路票为白色,下行路票为淡绿色)

(2)路票七要素:路票由电话记录号码,列车车次,运行区间,值班员签名,日期,行车专用章,站长、值班站长或行车值班员确认签名七个基本要素组成,如图 2-7 所示。

(上行)

路　票　　**NO**：×××××

电话记录第________号，　车次________

____ **站** → ____ **站**

车站行车值班员__________

____年____月____日

图 2-7　路票样式

(3)路票的填写要求

1)车站必须办理完闭塞后才能填写路票，车站签发路票时，必须由行车值班员在车控室按照《行车日志》内容认真填写。所有路票的填发必须得到值班站长的同意。

2)首列车发车时(首列车是以车站单方向发出第一张路票为准)，行车值班员在路票左上角加“首”字样，并填写限速 25 km/h，首趟车前方进路有道岔时，车站需在路票上注明已加锁(非办理进路车站需要询问办理车站)，司机交接路票时做好确认。

3)路票作为行车凭证，填写七要素时，不得简写或增添字句，不得随意涂写、撕毁。填写如有增添字句及涂改，均应作废，须重新填写。车站名必须写全、车次号后不需再增添“次”。

4)路票填写的日期以接车站承认闭塞时间为准，零时以前办理的闭塞，司机如在零时后收到路票仍视为有效。

5)列车入车辆段(停车场)时应在路票上写明经入/出段线；列车出车辆段(停车场)时应在路票上写明经出/入段线。

6)由终点站向车辆段/停车场发车时，车站需填发路票区间为终点站站名—车辆段/停车场名称。

例：灞河停车场路票填写模板，如图 2-8 所示。

(4)路票的交接要求

1)行车值班员将路票交予递送人员，递送路票人员依次询问行车值班员路票内容，行车值班员根据《行车日志》内容回答，递送路票人确认行车值班员所答与路票填写一致后方可将路票带出车控室。

若在核对路票时，发现路票有涂改、增添字句或字迹不清等异常情况，递送路票者可拒绝接收路票。

路票交接地点为司机所在驾驶室的端墙门内，车站人员将路票交予司机。司机接到路票核对无误后方可关门，凭发车手信号动车。

经核对无误后司机方可收取路票。若在核对路票时，发现路票有涂改、增添字句或字迹不清等异常情况,路票接收者可拒绝接收路票。

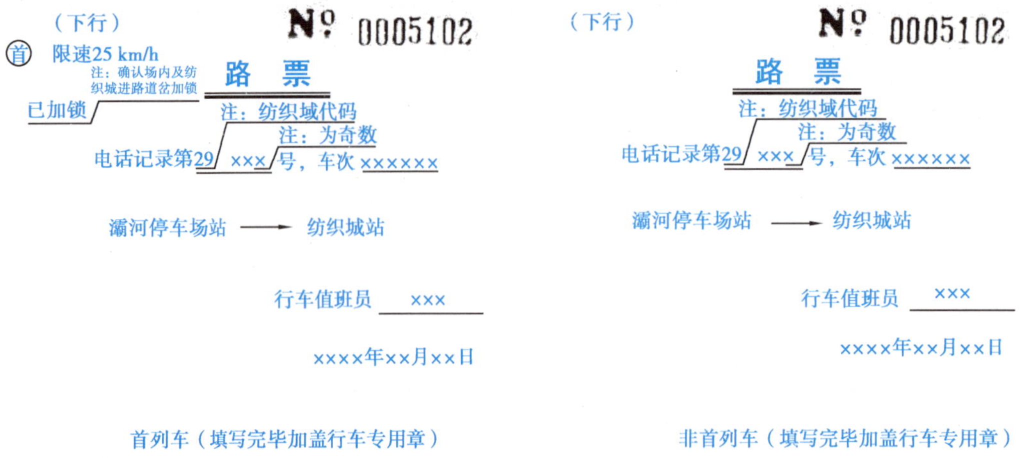

图 2-8 路票填写模板

2)收回路票的处理:列车到站后,由行车值班员指定人员收回路票,并在路票正面斜对角画"×"以示注销。

折返站在列车到站后立即收回路票,严禁将路票带入折返线。不需要发路票的车站可由站台岗收回路票,并在路票正面斜对角画"×"以示注销。收回的路票必须及时交车控室按上、下行分开整理保存。

(六)行车日志

办理列车闭塞手续的过程中将相关信息如车次、同意闭塞的电话记录号码、同意闭塞时间完整记录至《行车日志》。

2.1.4 调度命令

(一)行调发布的口头命令

(1)临时加开或停开列车(包括电客车、工程车及救援列车)。

(2)电客车推进运行、退行,工程车退行。

(3)停站电客车临时变动通过。

(4)改变列车驾驶模式时。

(5)列车救援时。

(6)列车中途清客。

(7)变更列车进路。

(8)变更列车运行交路。

(9)变更闭塞方式。

（二）行调发布的书面命令（特殊情况下可先用口头命令，事后补发书面命令）

（1）线路限速或取消限速。

（2）封锁、开通线路。

（3）行调认为有必要记录的命令。

（三）行调发布调度命令的规定

（1）行调发布命令时，在车辆段由派班员、车辆段调度员（信号楼值班员）负责传达，在停车场由停车场调度负责传达，在正线（辅助线）由车站值班站长（行车值班员）负责传达，传达给司机或其他有关人员的书面命令须加盖行车专用章。

（2）同时向几个单位或部门发布调度命令时，行调应指定其中一人复诵，其他人核对，确保无误。发书面调度命令时，应填记《调度命令登记簿》。

2.1.5　信号降级模式下的行车组织

（一）站级工作站排列进路

地铁一、三号线一期信号系统采用列车自动控制系统（ATC），由三个主要子系统组成：即计算机联锁系统 DS6、Trainguard® MT ATP/ATO 系统和列车自动监督（ATS）系统。

ATC 系统提供三个列车控制等级：即 CTC（连续列车控制）、ITC（点式列车控制）和 IXLC（联锁控制）。在 CTC 控制状态下可以实现最小为 90 s 的列车追踪间隔，在 ITC 控制状态下可以实现最小为 240 s 的列车追踪间隔，联锁控制状态下提供区间防护。IXLC、ITC 及 CTC 级之间的由低到高的相互转换是自动进行的。

地铁二号线正线信号系统采用基于无线通信技术的移动闭塞制式列车自动控制系统（CBTC），支持 CBTC 列车和非 CBTC 列车的安全混运。其包括列车自动监控（ATS）、列车自动防护（ATP）、列车自动运行（ATO）和计算机联锁（CBI）四个子系统。

CBTC 系统提供三个列车控制等级：即 CBTC、点式 ATP 和联锁控制。在 CBTC 控制状态下可以保证 90 s 的列车追踪间隔，在点式 ATP 控制状态下可以保证 240 s 的列车追踪间隔，联锁控制状态下提供区间防护。CBTC、点式 ATP 和联锁控制级之间的相互转换是自动进行的。

当中央 ATS 设备故障或 ATS 不能自动排列进路时，可由行调授权相关车站采用站级工作站排列进路，排列进路时需严格执行"一人操作、一人监控"的制度，一般情况下由行车值班员负责操作，值班站长负责监控。

（二）电话闭塞法组织行车

（1）车站组织程序

通常情况下，当基本闭塞设备或全线联锁设备发生故障时，所有车站均为闭塞车站。当单个或部分联锁区设备发生故障时，故障车站及相邻车站为闭塞车站，两个闭塞车站之间即为闭塞区段（闭塞区段与站间区间一致）；车站同意闭塞的条件是接车进路准备完毕、前方区间空闲、同方向前次列车出清站台。此种模式下，两列车的行间隔为"一站一区间"。

如图 2-9 所示，A、B、C 均为闭塞车站，AB、BC 为闭塞区段；B 站同意 C 站闭塞请求的条件是：接车进路准备完毕、BC 区间空闲、列车出清 B 站站台；两列车的行车间隔为：B 站站台，BC 区间。

图 2-9　闭塞图例

电话闭塞法组织行车的流程及相关要求如下：

1）接收调度命令

行车值班员接到行调发布准备电话闭塞法组织行车命令时，认真在《调度命令登记簿》上做好记录，与值班站长进行核对，由值班站长在备注栏签字确认；确认完毕后立即准备路票、线路图、行车专用章、电话记录号等所需备品。

2）核对列车位置

行调与司机核对完列车位置后，与车站核对列车位置，行车值班员及时在线路图上做好标注，特别注意相邻车站的列车位置，对列车运行状态做好记录。

3）准备进路

当行调发布采用电话闭塞法组织行车的命令后，行车值班员需与站台岗再次确认站台是否有车，并将核对时间点及有无列车填写在《行车日志》上；车站准备接/发车进路时，行车值班员优先使用 ATS 站级工作站锁定。当 ATS 站级工作站电子锁定无法使用时，由行车值班员报告行调"××站下轨行区人工排列进路"，行车值班员通知值班站长需要准备的进路名称；人工准备进路时必须遵循"由远及近"的原则。

（2）办理闭塞

1）请求闭塞：当发车进路准备妥当，人员、工器具出清后，发车站向接到站请求闭塞，接车站和发车站值班站长在车站占线板上画"－"，如图 2-10 所示，A 站为接车站，B 站为发车站。

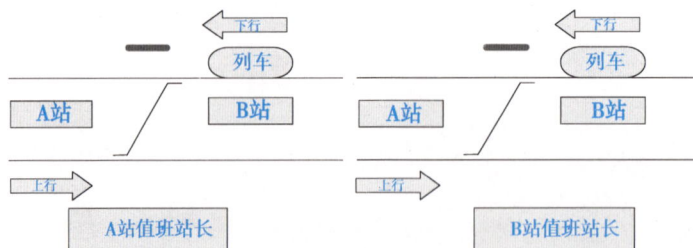

图 2-10　办理闭塞图例

2）同意闭塞：接车站确认接车区间空闲，接车进路准备妥当，人员、工器具出清后，同

意发车站闭塞请求,告知发车站电话记录号码及同意闭塞时间,发车站和接车站行车值班员填写《行车日志》,值班站长在占线板上画"|",如图2-11所示。

3)接发列车:发车站接到同意闭塞的电话记录号及时间后,在《行车日志》上做好记录,由行车值班员根据《行车日志》填写路票,填写完成后与值班站长核对,核对无误后由值班站长在路票背面签字确认,司机交接路票时做好确认,如图2-12所示。

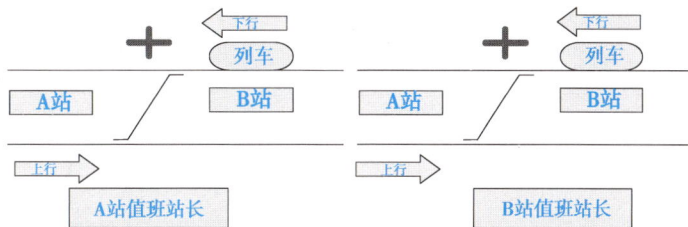

图 2-11　同意闭塞图例

首　限速25 km/h
已加锁

路票　　　　NO:0123

电话记录号:　A站电话　列车车次:　　10202
　　　　　　记录号码

　　　　B　　站　⟹　A　　站

B站行车专用章

　　　　　　　　　年　　月

图 2-12　路票填写

值班站长与递交路票人员核对路票,客运值班员递交上行列车路票,站台岗递交下行列车路票。

递交路票人员与司机核对路票,核对完毕后司机与车站再次确认前方进路是否空闲,是否具备发车条件,由递交路票人员向司机显示发车手信号。

列车发车后,发车站及时通知接车站列车出清时分,由接车站与发车站值班站长在占线板上画"○",如图2-13所示。

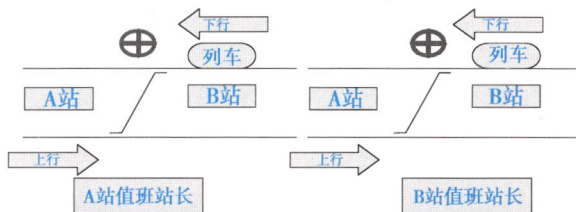

图 2-13　占线板图例(发车后)

接车站及时通知站台注意接车,当列车由 A 站出清后,A、B 站值班站长将"⊕"擦除,如图2-14所示。

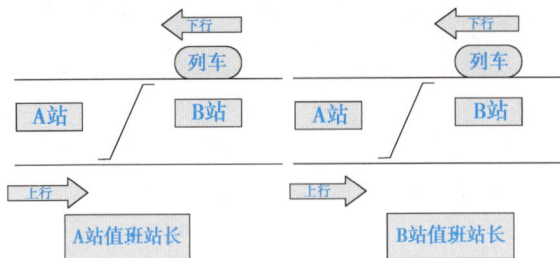

图 2-14 占线板图例

任务 2.2 服务工作

2.2.1 客运服务规范

(一)服务意识

地铁员工在乘客服务区应保持良好的服务意识,言行举止要做到文明礼貌,主动热情地向有需要的乘客提供帮助,树立文明、和谐、周到的服务形象。

(1)树立"服务"意识

牢固树立"乘客至上,服务为本"的观念,以优质的服务树立良好的信誉。服务人员的一言一行要服从于乘客的利益,不能要求乘客"必须这样,不能那样",而是尽量满足乘客对乘坐轨道交通过程中的需求。当然,为了维护正常的运行秩序,保证乘客的乘车安全,服务人员要对乘客提出相应的乘车要求。

(2)树立"窗口"意识

城市轨道交通作为城市的文明窗口,服务人员是这个窗口的重要代表。服务人员优良的言行举止是透过这座窗口展示的,城市轨道交通的管理水平和服务质量要看这个窗口,乘客最关心的是这个窗口,国内、外来宾会通过这个窗口看这座城市,甚至看这个国家。服务人员要以"窗口无小事"的意识规范自己的行为,展示城市轨道交通的文明风范。

(3)树立"乘客"意识

客运服务人员的服务对象是乘客,在乘车过程中,乘客的各种需求是受心理支配的,而各种外界的条件变化又直接影响着乘客的心理。服务人员只有掌握乘客的心理活动规律,及时了解乘客的要求,知道乘客喜好什么、厌恶什么,才能有的放矢、因势利导,从而提高服务水平。一切从维护乘客的利益出发,时刻尊重乘客;以乘客需求为出发点,最大限度地为乘客提供优质、满意的服务是我们工作的出发点和落脚点。

(二)服务行为

(1)注意形象,在岗期间均须佩戴工作证件,不得在乘客服务区有喧哗、吃东西、躺卧等不文明行为。

（2）保持车控室对外服务形象，非车控室当班员工不得随意进入车控室。

（3）员工穿着工装搭乘地铁时，须礼让乘客、面向乘客站立，注意仪容仪表，着装干净整洁，不赤膊、赤脚或穿拖鞋，不卷袖或卷裤管；上下班途中如穿着工装，须按标准穿戴整齐，注意仪态，举止文明。

（4）认真工作，不在岗位上聊天、说笑、追逐打闹或做与工作无关的事，如看书、看报、吃东西、私自会客、用电话聊天、发短信等。

（5）员工在岗期间应尽力为乘客创造舒适的服务环境，注意保持工作区整洁有序，并尽力减少服务区施工对乘客产生的影响。

（6）员工乘车时要注意文明礼让，主动给乘客让座。

（7）员工回答乘客询问时，要耐心有礼，面带微笑。不得不理不睬或边走边回答，不得边工作边回答，也不得以摇头、点头等方式回答乘客，应站立或停下手中工作认真回答。如工作确实无法终止应请乘客稍等，并在工作后第一时间回答乘客；对自己无法回答的询问，应请教同事或引导乘客咨询其他工作人员，不得误导乘客，不得互相推诿。

（8）乘车、候车过程中主动维持乘客候车、乘车秩序；对违反地铁有关规定的乘客应采用委婉的语言制止，尽量站在乘客的角度，从乘客安全、利益的角度出发进行解释，严禁对乘客有大声呵斥、推、拉、扯、拽等不文明行为；维护公司利益，主动制止破坏车站、列车秩序，损害公司利益的行为；在发生列车故障、突发事件时应主动维持秩序，对乘客进行引导。

（三）服务语言

语言是人类交流的重要工具，更是客运服务人员与乘客交流的第一工具。标准用语是服务岗位的基本要求，它对做好服务工作又有十分突出的作用。

（1）车站服务人员工必须统一讲普通话，避免使用方言，并使用十字文明用语"您好、请、谢谢、对不起、再见"。

（2）语音标准：接待乘客时语音要标准，避免说白字、错字。

（3）语调柔和：说话时注意音量适中，以乘客听清楚为准；切忌大喊大叫或音量过小。

（4）语速适中：与乘客交谈时语速要适中，并且在谈话中做必要的停顿。

（5）语气正确：要表现出热情、和蔼、耐心、亲切，避免语气急躁、生硬、轻慢和不耐烦。

（6）用词文雅，合乎规范，选择文雅礼貌的词语：与乘客交谈时服务用词、用语要力求谦虚、敬人、高雅、脱俗，尽量采用文雅规范的词语，不讲粗话、脏话、怪话。

（7）服务用语的表达要使对方理解、明白：一是要简单明了，突出中心。二是要做到准确表达，尽量不使用模糊的语言；站务员工在对乘客服务中，要根据乘客的水平和需要，选择通俗易懂的措辞，使对方容易明白和接受。

（8）与乘客交谈或使用人工广播时，应根据乘客的不同身份使用恰当的用语称呼，如先生、女士、小朋友、老爷爷、阿姨、同志等，不得使用"喂""嘿""哎""那位"等不礼貌用语称呼乘客。

（9）处理违章事宜要态度谦逊、得理让人，不得讲斗气、噎人、训斥、顶撞、过头及不在理的话。

（10）严格遵守各岗位特殊语言要求，如票亭岗兑零时应按规定使用文明用语唱票。

（四）工作标准

车站工作人员是地铁服务形象的主要载体，以下标准对员工的言行举止、作业规范、服务技巧做出详细规定，标准化、规范化地为乘客提供服务。

（1）站台岗

1）服务要求

①监视列车运行状态、候车乘客动态，监视是否有乘客跳下轨道、进入隧道、倚靠屏蔽门、抢上抢下或乘客物件掉落轨道，防止列车、屏蔽门夹人夹物或夹人夹物动车，根据情况及时采取正确的处理方法。

②宣传乘客在黄色安全线以内候车，不要依靠屏蔽门，不要抢上抢下，维护站台秩序，组织乘客有序候/乘车。

③若发现异常情况及时采取措施或与车控室联系。

④回答乘客询问，在力所能及的范围内，尽量帮助乘客解决问题，特别注意帮助老、弱、病、残等需要提供帮助的乘客。

⑤当客车门或屏蔽门发生故障时，按相关程序协助司机处理车门/屏蔽门故障。

⑥及时制止乘客违反相关法律法规的行为。

2）标准服务用语

①列车进站前："各位乘客/××，为了您和他人的安全，请站在黄色安全线内排队候车，多谢合作！""各位乘客/××，为了您的安全，请勿手扶屏蔽门排队候车，多谢合作！""各位乘客/××，由于现在站台乘客较多，请到站台××部候车，多谢合作！"

②当站台乘客上下车时："各位乘客请注意，请小心列车与站台的空隙，先下后上，多谢合作！"

③列车将要关车门时："各位乘客，车门即将关闭，没有上车的乘客请您耐心等候下一趟车，（请不要越出黄色安全线）多谢合作！"

④乘客越出黄色安全线时："各位乘客/站台××部的乘客，为了您和他人的安全，请站在黄色安全线内排队候车！"

⑤乘客带气球进站乘车时："××，您好，为了您和他人的安全，请不要携带气球乘车，多谢合作！"

⑥小孩在站台上追逐奔跑，打闹时："（××，您好）由于地面很滑，容易摔倒，请家长（您）带好您的孩子，不要在站台追逐、奔跑、打闹。"

⑦有乘客走近时，主动询问："××，您好，请问有什么需要我帮助吗？"或"××，您好，请问我能为您做点什么？"

⑧对准备乘坐扶梯的小孩和老人："××，您好，为了您的安全请走楼梯到站台/出入口。"

⑨列车服务终止时："各位乘客，今天的列车服务已经终止，请您尽快出站。"

⑩乘客有物品掉下轨道时："××，您好，请勿私自跳下轨道，我们的工作人员将会尽快

为您拾回物品,多谢合作!"

(2)票亭岗

1)服务要求

①票亭工作人员出售车票时应按"一收、二唱、三操作、四找零"的售票作业程序进行,见表2-3。

表 2-3　售票作业程序

步骤	程序	内　　容
1	收	收取乘客购票的票款
2	唱	讲出票款金额,重复乘客要求的购票张数和车票类型,如未听清乘客的要求,应主动礼貌地询问
3	操作	正确、迅速地操作:检验钞票真伪,如钞票为伪钞,则要求乘客重新更换钞票;在半自动售票机上选择相应功能键,处理钞票
4	找零	清楚说出找补金额和车票张数,将车票和找补的零钱一起礼貌地交给乘客

②当乘客要求分析车票时,应快速准确地用半自动售票机分析,并将分析情况耐心告诉乘客,再采取相应的处理车票的方法。为乘客充值前后要主动请乘客确认余值无误后,再做下一步操作。

③同时有两位乘客等候服务时,按照先付费区后非付费区的原则为乘客服务。

④当票务中心前出现较大客流(10人以上或排队超过8人并维持3 min以上)应电话通知值班站长或巡视岗,加派人手或使用人工广播引导。

⑤售票员主动领够车票、报表和硬币,在客流较小时把现金及硬币整理好,或开启另一袋硬币,做好准备工作。

⑥交接班时,接班售票员须提前做好售票、兑零准备工作,接班售票员到岗后,交班售票员才可以终止售票、兑零工作,交接时间不超过5 min为宜,并尽可能减少对乘客服务的影响。

2)标准服务用语

①乘客需要兑换硬币时,要清晰唱票:"收您××元。""找您××元。"硬币应垒成柱状交给乘客,不得散放,不得有丢、抛等动作。

②当找不开零钱时:"××,请问您有零钱吗?"或者说:"对不起,我这里的零钱刚好不够,请您稍等,好吗?"

③收到残币或假币时,应说:"××,对不起,请您换一张钞票,好吗?"

④出售储值票时:"××,请确认面值。"乘客确认无误后,"××,找回您××元及一张××元的车票。"

⑤乘客想购买双程票:"××,对不起,地铁车站没有双程票出售,仅出售单程票,单程票只能在购票的车站当日使用。"

⑥乘客询问储值票能否多人同时使用:"××,对不起,储值票只能1个人使用,不能多

人同时使用。"

⑦乘客出站时发现出不了站(超程及超时):

"××,您好,您的车票已超程,请您按规定补交超程车费×元。"

"××,您好,您的车票已超时,请您按规定补交超时车费×元。"

⑧当票务中心付费区、非付费区均有人时,对非付费区乘客解释:"××,对不起,请您稍等。"

⑨当乘客询问小孩是否有半票:"××,您好,按照地铁规定,一位成年人可以免费携带一名身高不超过 1.3 m 的小孩乘坐地铁;身高超过 1.3 m 的小孩需按规定购票。"

⑩乘客问在哪里购票:"如果您需要买单程票,请准备零钱或在此兑换零钱,然后到自动售票机处购买。"

⑪乘客询问地铁××站的票价:"××,您好,您从本站到××站的票价为×元。"

⑫收到乘客一张过期单程票:"××,单程票只能当天并在购票站乘坐地铁使用,您的车票已经过期,按规定这张车票需回收,如果您需要搭乘地铁,请您重新购买一张票。"

(3)行车值班员

1)服务要求

①应公平、公正、合理、及时处理有关乘客问题。

②在岗时,应站在公司的立场,遵循公司的方针、政策处理乘客事务。

③车站出现大客流、乘客排长队现象时应积极采取措施,播放广播疏导客流,让乘客顺利购票和进出车站。

④当乘客扣敲车控室玻璃窗时,要礼貌地表达,同时通过手势指引其到票务中心处问询。

2)标准服务用语

广播用语按照《西安地铁车站及列车广播用语标准》执行。

(4)客运值班员

1)服务要求

①监控设备状况和票务中心情况,确保设备正常和售票处零钱、车票、发票充足。

②应公平、公正、合理、及时处理有关乘客问题。

③在岗时,应站在公司的立场,遵循公司的方针、政策处理乘客事务。

④大客流时及时积极采取措施,加开兑零窗口,安排员工疏导乘客。

⑤在大客流前做好准备工作,如提前配票,准备好充足钱、票,确保设备状态良好等。

⑥处理乘客事务时要 3 min 内到达现场。

2)标准服务用语

①通用语言标准

●服务乘客时必须统一讲普通话,避免使用方言,并使用十字文明用语"您好、请、谢谢、对不起、再见"。

●语音标准:接待乘客时,语音要标准,避免念白字、错字。

●语调柔和:与乘客交谈时,注意音量适中,以乘客听清楚为准;切忌大喊大叫或音量过小。

- 语速适中:与乘客交谈时,语速要适中,并且在谈话中做必要的停顿。
- 语气正确:语气要表现出热情、和蔼、耐心、亲切,避免语气急躁、生硬、轻慢和不耐烦。
- 用词文雅,合乎规范。选择文雅礼貌的词语。在服务乘客的过程中,服务用词、用语要力求谦虚、敬人、高雅、脱俗,尽量采用文雅规范的词语,不讲粗话、脏话、怪话。
- 服务用语的表达要使对方理解、明白。一是要注意简单明了,突出中心。二是要做到准确表达,尽量不使用模糊的语言;在对乘客服务中,要根据乘客的水平和需要,选择通俗易懂的措辞,使对方容易明白和接受。
- 与乘客交谈或使用人工广播时,应根据乘客的不同身份使用恰当的用语称呼,如先生、女士、小朋友、老爷爷、阿姨、同志等,不得使用"喂""嘿""哎""那位"等不礼貌用语称呼乘客;对于不确定恰当称呼的乘客直接使用"您好"。
- 处理违章事宜要态度谦逊、得理让人,不得讲斗气、噎人、训斥、顶撞、过头及不在理的话。
- 严格遵守各岗位特殊语言要求,如票亭岗兑零时应按规定使用文明用语唱票。

②常用情景岗位语言规范

- 有乘客走近时,主动询问:"您好,请问有什么需要帮助吗?"
- 需要更换票筒钱箱或故障维修时:"对不起,这台设备暂停使用,请您稍等,或请使用其他设备,谢谢。"
- 指引乘客购票:"请持有×元、××元纸币的乘客直接到TVM上购票,需兑换硬币的乘客请直接到票务中心(二号线)/客服中心(一号线)。"
- 请乘客到站厅人少的一端购票:"各位乘客,本站另一端站厅乘客较少,为了节省您的时间,请到另一端站厅购票。"
- 要求乘客排队购票(高峰期):"各位乘客,请按秩序排队购票,谢谢合作!"
- 引导乘客排队时:"各位乘客,请按照地面指引排队候车,多谢合作!"
- 引导乘客站在安全区域候车时:"各位乘客,为了您的安全,请勿靠近屏蔽门,在安全区域排队候车,多谢合作!"
- 引导乘客到人少的地方候车:"各位乘客,由于现在站台乘客较多,请到站台中部/两端人少的地方候车,多谢合作!"
- 当站台乘客上下车时:"各位乘客请注意,请小心列车与站台的空隙,先下后上,多谢合作!"
- 当有乘客站在防静电地板区域内时:"您好,请站在安全区域内排队候车!"
- 小孩在站台上追逐奔跑,打闹时:"您好,由于地面很滑,容易摔倒,请带好您的孩子,不要在站台追逐奔跑。"
- 乘客出站时发现出不了站(超乘及超时):"您好,您的车票已超乘/超时,请您按规定补交超乘/超时车费×元。"
- 当票务中心付费区、非付费区均有人时,对非付费区乘客解释:"对不起,请您稍等。"

• 引导乘客进出闸机时:"您好,请站在闸机外右手刷卡/投票。"

• 当发现乘客携带"三品"进站时:"对不起,根据规定,您不能携带××乘坐地铁,谢谢您的合作。"

(五)环境卫生

票亭、监控亭、车控室内物品按规定摆放整齐,台面无杂物(包括水杯、饮料瓶、抹布等)、积尘,亭壁、玻璃干净无污渍、无油渍、无胶渍、无不标准张贴物等。

2.2.2 客运服务礼仪

(一)仪态

(1)站姿:站立要直,站姿端正、稳重、自然。做到上身正直,头正目平,挺胸收腹,两手自然下垂或体前单握,不叉腰、抱膀、颤腿、背手或把手插在衣袋内;站立时脚呈 V 字形,双膝和两脚跟并拢,脚尖略分开,身体不可东倒西歪,如图 2-15 所示。

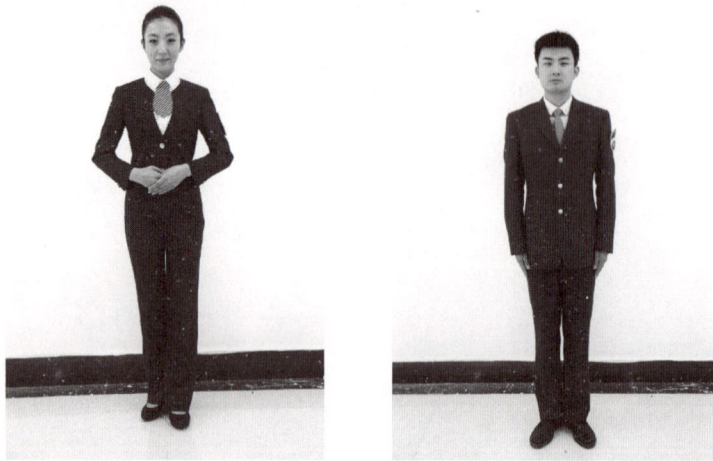

图 2-15　正确的站姿

(2)坐姿:坐姿要正,采取坐姿服务乘客时,目光正视乘客,身体挺直,双腿并拢,不跷二郎腿。不坐在椅子上前俯后仰、摇腿跷脚,不趴着、不打瞌睡,不用手托腮,不看书报,不侧身斜靠桌子;坐时不要把椅子坐满,也不能只坐在椅子边上,如图 2-16 所示。

(3)走姿:走姿稳健,精神饱满,挺胸阔步;不嬉笑打闹,勾肩搭背,不推拉乘客,不与乘客抢道;在工作区域行走,从容不迫、庄重大方。在紧急情况下可轻声快步疾行;靠右行走,为对面行人留出通道,如图 2-17 所示。

(4)蹲姿:屈膝下蹲,不低头,不弓背,慢慢低下腰部,两腿合力支撑身体,掌握重心,臀部向下,下蹲时,头、胸、膝关节保持在一定角度,保持姿势优美,如图 2-18 所示。

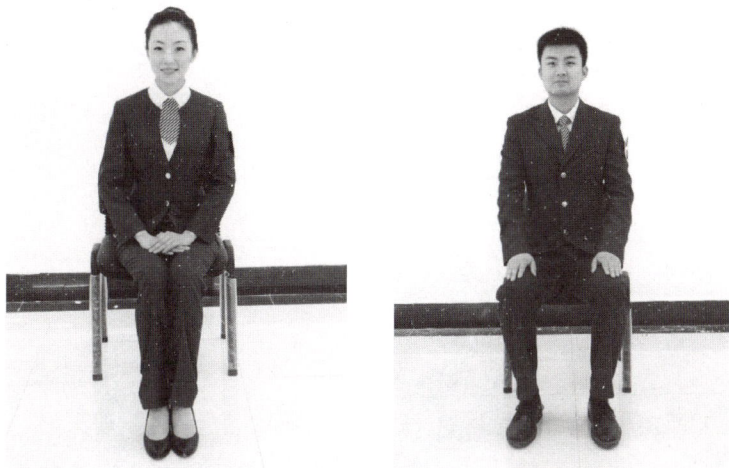

图 2-16　正确的坐姿

图 2-17　正确的走姿

图 2-18　正确的蹲姿

（5）手势：指引时将前臂自然前伸，上身稍前倾，面带微笑，五指并拢，手掌向内倾斜，掌心向上；指引方向时，手臂由下而上运动，并根据目的地的远近控制手臂的伸曲度，目的地越远，下臂与上臂间的夹角越大。眼睛看着目标方向并兼顾对方是否意会，如图 2-19 所示。

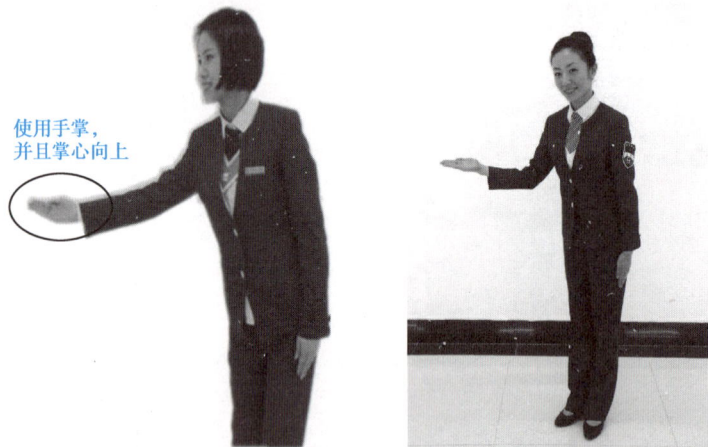

使用手掌，并且掌心向上

图 2-19　正确的手势

（6）表情：在接待乘客时，表情自然、温和，眉头自然舒展。

（7）目光：与乘客交谈时，目光必须注视着对方；目光坦诚、亲切、和蔼、有神；不将目光长时间集中在对方的脸上或身体的某一个部位上，目光注视对方脸部以双眼连线为上限，以唇心为底点所形成的倒三角区域内。

（8）微笑：发自内心、轻松友善，要自然、真诚，切忌虚假、做作地笑。

（9）行礼标准：

1）握手礼：握手时表情自然、热情，目视对方，面带微笑距对方 1 m 远，上身稍向前倾，两足立正，伸出右手，四指并拢，虎口相交，握着对方的手掌，稍微用力，并适当晃动，时间 3 s 左右适宜，如图 2-20 所示。

2）鞠躬礼：行礼时双方距离 2～3 m，挺胸、站直、保持姿态端正，面带微笑向乘客表示尊敬；行鞠躬礼时，宜配以相应的敬语："谢谢""您走好"等；一般与乘客打招呼时行欠身礼；在正式场合下行 15°鞠躬礼，在特别隆重的场合行 30°鞠躬礼，如图 2-21 所示。

3）注目礼：面向受礼者成立正姿势，同时注视受礼者，并且目迎目送；注目礼用于不便行鞠躬礼和点头礼的场合；受礼者接受鞠躬礼、点头礼和注目礼之后应当还礼。

4）点头礼：面带微笑，面向受礼者，头部微向下点，而后抬起，点头礼与问候语同时用于非正式场合。

（二）仪容仪表

（1）头发的修饰与卫生

1）头发的整齐：发型选择必须与自己的年龄、脸型、身材、性别相称，发型整齐利落，不留怪异发型、不染不自然的发色；男员工不可剃光头，不留长发，不烫发；头发要修剪整齐，前不遮眉，侧不遮耳，后不及领，如图 2-22 所示。

图 2-20　握手礼

图 2-21　鞠躬礼

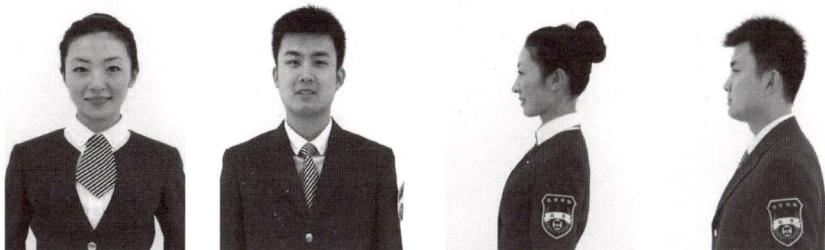

图 2-22　发型

2）头发的清洁美化：须保持头发的清洁，避免头发有异味、头屑。每日适时梳理头发，避免头发凌乱，有损形象；在工作中，发长过肩的女性必须佩戴有发网的头饰，将头发挽于头饰发网内，不得佩戴花哨的发饰。

（2）面部修饰与卫生

1）保持面部清洁：注意每天早晨、晚上洗脸，洗去脸上的油脂、灰尘，保持面部清洁，使自己容光焕发，清新自然。

2）注意面部修饰：女员工须化素雅的淡妆，保持良好的精神状态，不要浓妆艳抹，也不要使用颜色怪异和气味浓烈的化妆品；男员工必须将胡须剃净，常修剪鼻毛，保持面容清洁。

（3）注意口腔、手部、身体卫生

1）口腔卫生：必须讲究礼仪保持口腔清洁，养成每日早、晚、饭后刷牙的良好习惯，消除残留物，保持口腔清新，班前忌饮酒，忌吃蒜、葱、韭菜等气味浓烈的食物，以免产生异味，影响对乘客的服务。

2）手部卫生：平时勤洗手，保持双手清洁，养成经常修剪指甲的良好习惯，不留长指甲，以免藏污垢，指甲长度以从手心向外看不超过 1 mm 为宜；只可涂肉色或透明色的指甲油并保持完好，不得使用指甲装饰品。

3）身体卫生：为保持身体卫生，须勤洗澡、勤换衣服，班前忌剧烈运动，另外在工作时不宜使用气味浓烈的香水。

（4）服务着装标准

1）着工作制服时须保持衣装整洁，不缺扣、不立领、不挽袖挽裤；鞋子需光亮、整洁，鞋面上不能有过于夸张的装饰。

2）女员工穿着制服时，佩戴式样简洁大方的饰品。

3）工作时间不准戴墨镜等有色眼镜，不允许带与本人瞳色反差较大的美瞳。

4）原则上只能在工作地点、工作时间穿着工作制服。在公司或车站范围内，当班时间必须按规定穿齐工作制服，佩戴标志；参加公司组织的活动时须按活动要求着装；已下班但仍穿着工作制服的员工，其行为举止一律按上岗时的规定执行，如图 2-23 所示。

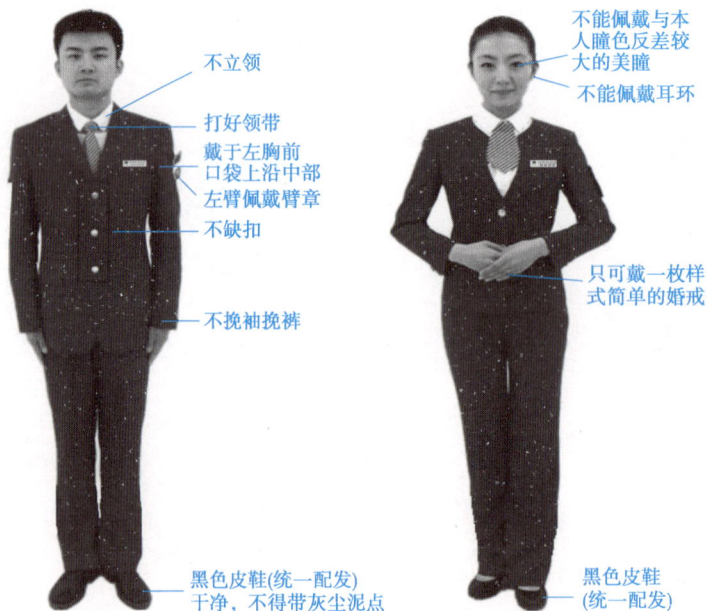

图 2-23　制服要求

2.2.3　乘客服务技巧

（一）列车产生延误时的服务技巧

当车站列车产生延误时，值班站长组织车站各岗位人员做好乘客宣传与解释工作，稳定乘客情绪。若列车服务延误 10 min 以上 OCC 仍未发布信息，应及时询问，了解情况。注意站台的客流疏导工作，必要时采取三级客流控制措施缓解站台压力。

安排行车值班员保持与 OCC 的联系，按照 OCC 提供的信息和规范用语进行人工广播，向乘客发布事件信息；并通知站务员在每组进闸机前摆放有关告示（告示内容可与广播词一致），同时做好监控工作，发现问题及时报告值班站长。

提醒客运值班员安排人员摆放告示，组织票亭岗按有关票务规定办理乘客退票，做好引导及乘客解释工作;通知票亭岗按照有关票务规定为需要退票的乘客办理退票手续。站台岗维持站台秩序,做好乘客宣传解释工作,保障站台人员安全。

(二)乘客投诉的处理技巧

值班站长接到乘客投诉的通知后,立即赶赴现场。如乘客已走,值班站长要如实地进行调查,并将情况报站务分部相关负责人;若乘客在现场,要采用易人、易地的方式,请乘客到会议室了解具体情况。

若确认员工无责任,要耐心向乘客解释,争取乘客谅解;若确认员工有责任,值班站长对当事员工进行教育并根据乘客要求对乘客进行道歉,并请求乘客谅解;当时无法调查原因,值班站长记录事情经过,并让乘客签名确认,并承诺在五个工作日内回复乘客调查结果。车站要在五个工作日内由站长亲自回复乘客调查结果。

任务 2.3 票务工作

2.3.1 票务政策

(一)票制及票价

起步价 6 km 内(含 6 km)2 元,6~10 km 3 元,10~14 km 4 元,14~20 km 5 元,20~26 km 6 元,26 km 以上每增加 8 km 增加 1 元。其中一号线 25.4 km,20~26 km 6 元;二号线 26.5 km,26~34 km 7 元;三号线 39.15 km,34~42 km 8 元。

(二)票种

车票种类即根据车票本身的性质或特点而将车票划分的门类,可以有多种划分方式。

(1)根据车票发行方的不同,可将西安地铁使用的车票分为地铁专用车票和长安通卡。

(2)根据车票介质不同,西安地铁专用车票分为电子类车票和纸质车票。

(3)根据运营管理策略的不同,西安地铁专用车票分为常规车票和营销类车票。

(4)根据车票使用规则不同,西安地铁专用车票分为储值票和单程票。

(5)根据车票用途不同,西安地铁专用车票分为单程票、纪念票、测试票、公务票、行李票和应急纸票。

(6)根据车票可使用次数,分为单程票和储值票两大类。单程票只能使用一次,乘客需在每次出行时在售票设备上购买,当日当站有效。储值票主要包括地铁公司发行的各类纪念票以及一卡通公司发行的长安通卡,为了吸引更多的乘客购买和使用储值票,减少车站购票压力,对于储值票有一定的优惠政策,西安地铁优惠政策为普通长安通卡乘车时可享受 9 折扣值优惠;学生卡可享受 5 折扣值优惠。长安通老人卡在非高峰时段免费乘坐地铁,在高峰时段内须凭其他有效车票乘车(高峰时段为:上午 7:00—9:00,下午 17:00—19:00),如图 2-24 所示。

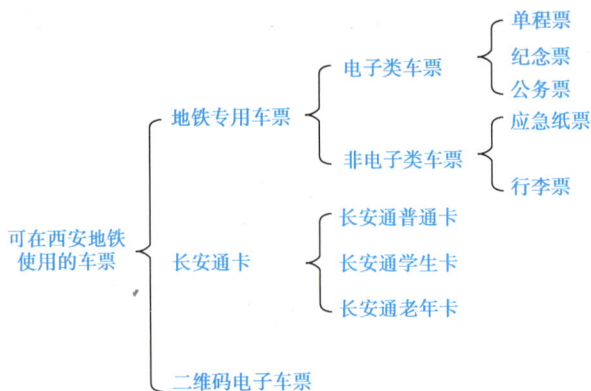

图 2-24　可在西安地铁使用的车票种类

2.3.2　车票管理

（一）车票流通过程（见图 2-25）

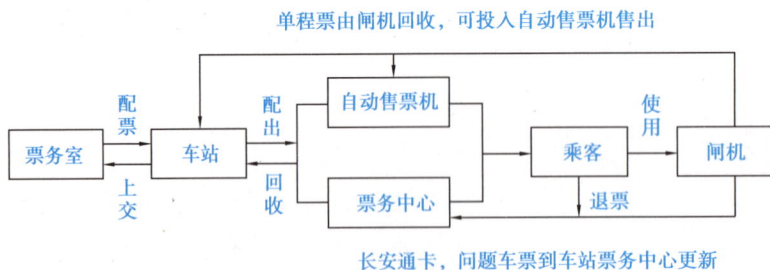

图 2-25　车票流通过程

（二）车票安全管理

（1）车票保管要求

1）车票保管部门需划分车票安全存放区域，根据车票的性质、票种分开存放，指定专岗设立台账保管。

2）车票保管部门按规定对车票的库存情况进行盘点，做到账实相符。

3）保管车票时，注意防折曲、刻划、腐蚀、防水、重压和高温。

（2）车票的安全区域

原则上车票只能存放于 OCC 票库、车站票务管理室、车站票务中心（临时票务中心）、TVM、BOM、AGM、车票回收箱。

（3）车票在车站票务管理室的存放规定

对有值车票，应根据票种归类存放于上锁的专用票柜或保险柜中；其他车票应归类存放于固定的票柜。

（三）车票加封

所有车票的加封均需由参与清点的人员负责。车票加封可用票盒、钱袋、信封、砂纸加封,加封后必须保证一经破封无法复原。预制单程票、长安通卡、行李票、应急纸票、与售票员结算相关的车票、临时测试借用归还的车票、乘客弃票需由当班客运值班员与另一名员工(与售票员结算相关的车票当事人必须参与清点)共同清点加封,其他车票可单人清点加封。加封方式主要有:

(1)票盒加封:用砂纸在票盒中间部位十字形缠绕后加封,砂纸上必须注明票种、数量、金额、加封车站、加封人和加封日期。

(2)布袋加封:将钱袋口用绳子缠绕扎紧后用砂纸缠绕加封,砂纸上注明票种、数量、金额、加封车站、加封人和加封日期。

(3)信封加封:将票务信封口封住,再用砂纸将信封背面的接缝处封住。在票务信封的正面注明票种、数量、金额、加封车站、加封人和加封日期,并在信封背面砂纸骑缝处及封面上盖章。加封方法如图2-26所示。

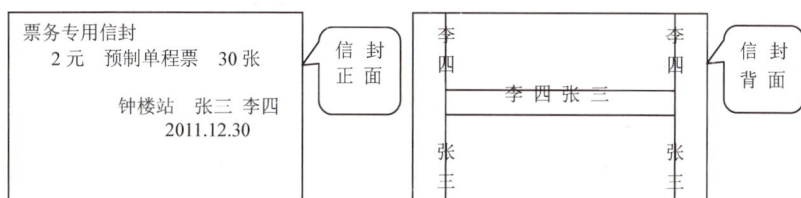

图 2-26 信封加封示意图

(4)砂纸加封:将车票用砂纸十字形缠绕后加封(不需装入信封),并在砂纸上注明票种、数量、金额、加封车站、加封人和加封日期。加封方法如图2-27所示。

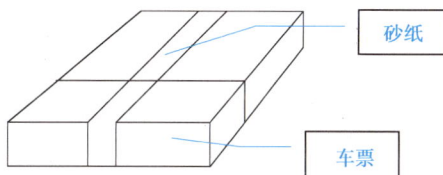

图 2-27 砂纸加封示意图

(四)车票配送

(1)配送程序

1)地铁发行车票配送程序

①车票配收员将清点加封好的车票配送至车站后,与当班客运值班员两人共同在车站票务管理室内监控仪可监控的范围内开箱逐盒清点。对于整盒加封车票,按照加封数量交接;对于破封车票,须开盒进行逐张清点,按照现场清点数量交接。

②清点完毕,客运值班员将实点数量与《配送明细单》数量进行核对,若车票数量一致,交接双方在《配送明细单》上签字确认,客运值班员在《车站车票库存日报表》和《客运值班员交接班本》上做好记录。

③若车票数量不一致,车站客运值班员按实点数接收车票,在《配送明细单》上注明问题车票的票种、数量、相关车票的加封人、加封时间和加封内容,交接双方签名确认,车站按实际接收的车票数量填写《车站车票库存日报表》和《客运值班员交接班本》。

2）长安通卡配送流程

车票配收员将长安通卡配送至车站后，与当班客运值班员两人共同在车站票务管理室内监控仪可监控的范围内开箱逐盒逐张清点，按照现场清点数量交接。

（2）配送车票数量、信息确认

1）单程票：单程票配送至车站后，车站需在3日内完成数量确认，未完成确认的配送单程票不得投入使用；确认时车站需逐盒拆封清点，清点过程中发现数量有误需及时将问题报票务部票务室，并将问题车票对应票盒、票盒内所有票卡、票盒封条及《车票详情单》一并放入原盒，以便票务部票务室进行核查。

2）有值车票：有值车票（预制单程票、纪念票、应急纸票、行李票、长安通卡等）配送至车站后，车站需在3日内完成数量及信息确认，未完成确认的配送有值车票不得投入使用；确认时需逐盒拆封清点、查验信息，确认过程中发现数量或信息有误需及时将问题报票务部票务室，并将问题票卡对应票盒、票盒内所有票卡、票盒封条及"车票详情单"一并放入原盒，以便票务部票务室进行核查。

（五）车票回收

（1）回收规定

1）随当日报表回收的乘客事务车票（包括单程票/行李票退票、单程票坏票、特殊情况下的单程票退票、非即时纪念票退票、异常长安通卡），由当班售票员和客运值班员分类用信封双人加封，在信封上注明车票数量和信息后随票务报表加封，由次日早班客运值班员上交。

2）票务部票务室定期回收的车票（包括车站设备废票），车站根据票务部票务室规定的回收时间，由客运值班员和值班站长及以上人员提前进行清点，分类别用信封、布袋或票盒加封，加封人填写《车票上交单》，由回收当日客运值班员与车票配收员交接。

3）票务部票务室不定期回收的车票，车站根据票务部票务室下达的回收计划，由客运值班员和另一名站务人员提前进行清点，分类别用信封、布袋或票盒加封，加封人填写《车票上交单》，由回收当日客运值班员与车票配收员交接。

（2）回收程序

回收车票时车票配收员到站收取或车站按指定车次上交车票配收员。

（3）回收车票的清点交接

1）随当日报表回收的车票，车票配收员确认报表加封完整后凭加封数量交接。

2）定期回收的车票，车票配收员确认车票加封完整后凭加封数量交接，票务部票务室需在5日内完成数量的确认，确认过程中若发现数量有误需及时通知车站补交车票或更改《车票上交单》。

3）不定期回收的车票，对于没有金额的车票，车票配收员确认车票加封完整后凭加封数量交接，票务部票务室需在5日内完成数量的确认，确认过程中若发现数量有误需及时通知车站补交车票或更改《车票上交单》；对于有金额的车票，交接双方须当面逐一清点，并按照2%的比例抽检票内信息，确认车票数量和信息无误后签字交接，若交接时发现车票数量有误，车票配收员按实点数接收车票并在《车票上交单》上备注，若交接时发现车票信息有误,信息有误车票由客运值班员现场回收,车票配收员接收剩余车票并在《车票上交单》上备注。

（六）车票交接

（1）交接规定

1）车票交接人员依据车票保管部门建立的交接凭证办理交接手续。

2）车票保管部门建立台账对车票交接进行统计。

3）交接时若发现车票有误,交接双方需及时核查,并按更正后的车票进行交接。对于不能即时查明原因的,交接部门及时组织调查,并报票务部。

（2）车站客运值班员之间的车票交接

1）接班客运值班员应依据《客运值班员交接班本》上的记录与交班客运值班员当面清点车站票务管理室内所有车票的数量以及编号、当日的《车票上交单》《配送明细单》,确认无误后进行签收。

2）交接时若发现车票数量或信息有误,及时报接班值班站长,接班值班站长须到车站票务管理室确认,按实际数量进行签收。由接班客运值班员在《客运值班员交接班本》和《车站车票库存日报表》记录相关情况,交班客运值班员和接班客运值班员和接班值班站长三方签章确认,并将情况立即上报客运部,及时组织调查并在 5 个工作日内将调查情况报票务部。

2.3.3 车站现金管理

（一）现金票款的流程（见图 2-28）

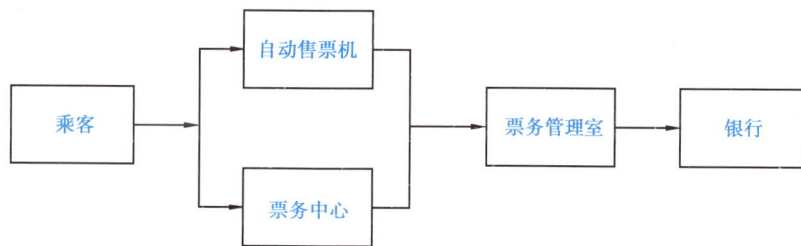

图 2-28 现金票款的流程

（二）现金的安全管理

车站现金只能存放在现金的安全区域。现金安全区域包含车站票务管理室、车站票务中心（含车站临时票务中心,下同）、TVM。

车站票务管理室随时保持锁闭状态（若有防盗门需同时锁闭）。除当班票务岗位人员、站长或以上级别的人员、票务管理人员外,其他人员必须得到值班站长或以上级别人员的许可,方可进入车站票务管理室。车站需在《票务管理室进出登记本》上记录。当班客运值班员离开票务管理室时,票务管理室内所有人员必须随同离开,不得逗留。除现金交接、钱箱清点之外,其他时间车站票务管理室内所有现金只能保管在保险柜、补币箱、待清点钱箱或已锁闭库包内。车站票务管理室摄像监控设备必须 24 h 开启,票款的清点、交接必须在监控下进行,票款在清点后应立即放入保险柜内。

车站票务中心应随时保持锁闭状态(车站临时票务中心除外,但车站需随时监控车站临时票务中心的安全情况)。有当值人员时,除当班票务工作人员、站长或以上级别的人员、票务管理人员外,其他人员必须得到值班站长或以上级别人员的许可后方可进入;无当值人员时,任何人员进入须得到值班站长或以上人员的许可,由当班客运值班员或以上级别的人员陪同方可进入。以上两种情况均需车站在《票务中心进出登记本》上记录。售票员在处理现金时,应将现金放在乘客接触不到的地方。存放于车站临时票务中心的现金需做好防盗工作。

现金在运送途中必须放入锁闭的钱箱、票盒或上锁的手推车中,由两名站务员工(包括车站站务员、值班员、值班站长和站长,下同)负责运送和安全。

(三)现金交接

(1)现金交接原则

1)原则上现金必须当面清点交接,并做好交接记录。

2)现金发生差额,车站需及时组织调查,同时将情况逐级上报,差额情况即时在台账上记录。

3)纸币、硬币交接必须在监控范围内,双方当面逐一清点,对于已加封现金,确认加封正确完好后可凭加封金额进行交接;对于零散现金按实点金额进行交接,确认数量无误后交接双方签名确认。

(2)客运值班员之间的现金交接

1)接班客运值班员应依据《客运值班员交接班本》上的记录,在监控范围内与交班客运值班员当面清点车站票务管理室内所有现金、核对封包数量及金额等,确认无误后进行签收。

2)客运值班员交接班或打包返纳,发现交接现金金额与《客运值班员交接班本》不一致时:应立即通知值班站长到现场,共同对车站票款、备用金进行清点,若实点金额比报表金额小,则由交班人员补交相应差额,交接双方在《客运值班员交接班本》和《车站营收日报表》上做好记录说明;若实点金额比报表金额大,则多出金额记入《车站营收日报表》的"客运值班员交接长款"栏,由接班人员计入营收,交接双方在《客运值班员交接班本》和《车站营收日报表》上做好记录,并由值班站长确认。

3)车站对账实不一致情况应由值班站长立即上报站长、客运部票务管理主办,及时组织调查并在 5 个工作日内将调查情况报票务部。

(四)现金加封

所有现金的加封均需双人负责。现金可用钱袋、信封、砂纸加封,加封后必须保证一经破封无法复原。

(1)钱袋加封:加封前,先在砂纸上注明加封金额、加封车站、加封人和加封日期。加封时,将钱袋口用绳子缠绕扎紧后再用砂纸缠绕加封。纸币需用钱袋加封时,应先用砂纸加封或信封加封后再放入钱袋内加封。

（2）信封加封：加封前，先在票务信封的正面注明加封金额、加封车站、加封人和加封日期。加封时，先将信封口封住，再用砂纸将信封背面的接缝处封住，最后在信封背面砂纸骑缝处及封面上签名，如图2-29所示。放入信封加封的纸币仅限于同一面额数量不足100张的，按面额大小归整后放入信封内进行加封。

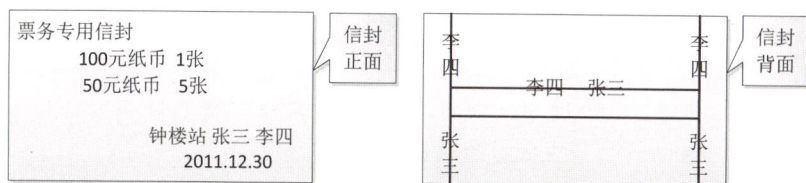

图2-29　信封加封示意图

（3）砂纸加封：同一面额每满100张需用砂纸加封。加封时，用砂纸缠绕归整后的纸币中部加封，砂纸上注明加封车站、加封人、加封日期，如图2-30所示。

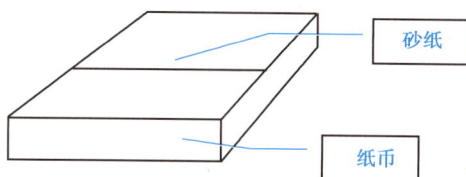

图2-30　砂纸加封示意图

（五）现金开封

（1）银行兑零的硬币需双人在监控仪监控状态下逐一开封、清点。

（2）车站票务工作人员之间无法当面交接现金，或值班站长与当班客运值班员之间交接的解行票款需开封时，需双人在监控仪监控状态下开封、清点。

（六）车站票款短款处理流程

（1）车站收到《车站票款短款通知书》后，当事人须在3日内将短款解行，并单独填写一张《现金缴款单》，款项来源栏填写"×××补缴×年×月×日短款"，随当日票款一起解行，补缴款项及金额不计入当日"营收总金额"，但须在当日《车站营收日报》备注中说明"×××补缴×年×月×日票款短款"。

（2）未按规定日期补缴短款的，票务部通知客运部票务管理主办督促上交并发《票务问题》。

2.3.4　车站票务备品及票务钥匙的管理

（一）票务备品的管理

（1）票务备品种类

票务备品包括钱箱、票箱、库包、点钞机、验钞机、点币机、点票机、扎钞机、纸币清分机、保险柜、票柜、售票盒、叠币盘、手推车、车票回收箱等。

（2）票务备品的申购和更换

统一报客运部，由客运部负责进行票务备品的申购和更换（库包由财务部负责更换）。

（3）票务备品的保管规定

1）票务备品由当班的客运值班员负责保管。

2）车站需在《客运值班员交接班本》中记录票务备品的数量和状态。

（4）票务备品的使用规定

车站在使用备品过程中需注意保持备品的清洁，爱护票务备品并注意避免备品受损，并在《客运值班员交接班本》中反应票务备品的状态。

（5）票务备品的盘点工作

1）盘点工作由客运值班员与值班站长双人进行。

2）每月规定时间，对本站所有票务备品进行盘点，并做好相关记录。

（二）票务钥匙的管理

车站票务钥匙指车站票务工作中使用的钥匙，主要包括车站 AFC 设备钥匙、车站票务备品相关钥匙、车站票务使用房门钥匙。

（1）票务钥匙的种类

票务钥匙包括钱箱钥匙、票箱钥匙、BOM 钱箱钥匙、TVM 门钥匙、AGM 门钥匙、车票回收箱钥匙、车站票务中心门钥匙、挂锁钥匙、票柜钥匙、钥匙柜门钥匙、车站票务管理室门钥匙、保险柜钥匙、库包钥匙等。

（2）票务钥匙的保管规定

1）票务钥匙由车站值班员或以上级别人员保管。

2）车站票务管理室门备用钥匙和保险柜备用钥匙由站长保管，其他票务备用钥匙由站长加封后交由客运值班员保管。

3）回收箱钥匙、库包 A 锁钥匙由值班站长保管；钱箱钥匙、车站票务中心钥匙、BOM 钱箱钥匙、AFC 紧急模式钥匙由行车值班员保管；其他票务钥匙由客运值班员保管。

4）车站需设立台账记录钥匙保管情况。

（3）票务钥匙的使用规定

1）任何人不得同时借用或掌握以下票务钥匙：

①票务管理室门钥匙与钱箱钥匙。

②TVM 维修门钥匙与钱箱钥匙。

2）AFC 维修人员对 TVM 进行故障处理时，对于不涉及票款的维修工作，可由车站工作人员（不包括保安、保洁等委外人员）持 TVM 门钥匙配合维修；涉及票款的维修工作，必须由客运值班员及以上人员持 TVM 门钥匙配合维修。

3）钱箱钥匙必须在监控仪点币状态下开封，在钱箱清点过程中钱箱钥匙需一直在监控仪可视范围内。

4）车站票务中心门钥匙和 BOM 钱箱钥匙供售票员在运营售票期间使用，其他时间由行车值班员负责保管。

（4）票务钥匙的交接规定

1）票务钥匙在保管人之间或在保管人与使用人之间交接时，车站需设置台账记录交接情况。

2）钥匙借出时，借用人负责钥匙的使用安全和保管。

3）钥匙使用完毕应立即归还。运营结束后保管人需对保管钥匙进行清点，确认全部归还。

（5）票务钥匙的更换、遗失处理

票务钥匙的更换、遗失由客运部制定内部管控程序并做好相关情况的台账记录。同时，在票务钥匙更换、遗失时须及时上报票务部。

（6）票务钥匙盘点工作

1）盘点工作由客运值班员与值班站长双人进行。

2）每月 15 日运营结束后，对本站所有票务钥匙进行盘点。

3）盘点时，所有的钥匙需开封进行数量与状态的确认，并做好相关记录。

（7）具体操作要求

1）所有的票务钥匙均统一配发，统一管理，不得复制、私自接收和遗失。

2）使用钥匙过程中需注意避免对钥匙造成损坏。

2.3.5 车站日常票务报表审核

（一）工作职责

值班站长作为当班票务工作负责人，全面负责出站票务管理工作，确保本班票务运作顺畅。通常要负责检查、监督、审核客运值班员、站务员层级员工的票务工作，并具体负责本班车票、现金及票务备品等安全，处理票务紧急情况及乘客票务纠纷，并及时上报相关部门或单位，保管部分票务钥匙，负责票务管理相关通知、规定的传达、监督执行和检查。

（二）报表审核

车站报表主要包括《车站售票员结算单》《特殊车票退款记录表》《车票非即时退款记录单》《乘客事务处理表》《车站营收日报》《TVM 钱箱清点记录表》《TVM 手工清出记录表》《车站车票库存日报表》《车票上交单》《车票调配单》。

为保证车站票款收益、备用金、站存车票、票据等有价证券的安全，每天运营结束后，车站需对所有的现金、票据、车票进行回收、清点工作，并完成相应的报表、台账填写。值班站长需对所有现金、票据、车票数量及报表、台账填写情况进行审核，确保账实一致、收益安全。

在进行票款收益审核时，值班站长一般是通过审核售票员的结算记录，确定每班售票员当班期间实收票款金额；根据 TVM 硬币钱箱、找零钱箱及纸币钱箱的设备记录报表、TVM 收益结账报表等设备报告核对当日投入使用的 TVM 收益是否完整，即是否全部钱箱已更换，钱箱是否清点完毕，记录在钱箱清点报告上的金额是否完整、准确，从而核对车站营收日报所记录的营收总金额与当日车站实际票款收入金额是否一致。

任务 2.4　设备操作

2.4.1　车站级工作站操作

（1）正线有联锁设备的车站为联锁设备集中站，使用微机联锁设备，微机联锁具有追踪进路功能，列车每出清一个计轴区段，该区段自动解锁。

（2）ATS/LCW 集成工作站操作规定

1）ATS/LCW 集成工作站的操作人员必须经过培训，考试合格，方可上岗操作。

2）在正常情况下 ATS/LCW 集成工作站应使用 ATS，当 ATS 设备故障时，经行调授权后可转换使用 LCW。

3）ATS/LCW 集成工作站操作员在操作或监控设备时，严禁进行与行车无关的操作。操作人员必须离开时，应将工作站退回到登录状态。

4）操作 ATS/LCW 集成工作站过程中，操作员发现进路要素显示不正确，须立即停止该项操作，并报告行调。车站应将 ATS 界面转换为 LCW 界面进行操作，如仍不能正常操作，按 ATS/LCW 集成工作站设备故障处理。

5）设备管理人员或维修人员需操作 ATS/LCW 集成工作站时，应报告车站行车值班员，并征得行调同意，取得控制授权后，以相应身份登录系统进行操作。

排列进路前须确认闭塞区段空闲，当需要分段排列进路时，按照"由远及近"的原则依次排列进路。

执行电话闭塞法区段，进路上的道岔必须锁定，优先使用 ATS/LCW 站级工作站锁定，当 ATS/LCW 站级工作站电子锁定无法使用时，由车站人员现场确认进路正确后使用钩锁器锁定（折返道岔钩锁器只挂不锁），行调应授权联锁站控制。

6）车站值班员将 IBP 盘上控制权限钥匙开关从"ATS 模式"转为"LCW 控制模式"，车站值班员使用 LCW 进行监控。

7）车站值班员使用 LCW 工作站人工办理列车进路。

8）报点站向行调报各次列车的到开点。

（3）开放引导信号的规定

1）当计轴故障显示占用且确认该计轴区段空闲需开放引导信号时，列车在该信号机前停车后，司机应立即报告行调，在 ATS 上开放引导信号。

2）确认引导信号开放好后，行调应立即通知司机凭引导信号显示，按规定速度动车运行。

（4）车站操作

1）道岔操作（见图2-31）

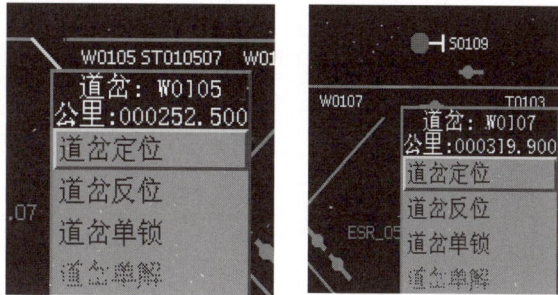

图2-31　道岔操作

①定位：可通过"道岔定位"功能请求道岔转至定位。用户可单击或从菜单选项选择这一功能。如果道岔锁闭或单锁，"道岔定位"菜单选项不可用。

第一种方式操作步骤如下：

将鼠标指针置于想要转至定位的反位道岔符号上，单击鼠标左键。单击右键菜单上的发送按钮。

第二种方式操作步骤如下：

将鼠标指针置于想要转至定位的反位道岔符号上，单击鼠标右键，选择"道岔"菜单上的"道岔定位"。单击右键菜单上的发送按钮。

②反位：可通过"道岔反位"功能请求道岔转至反位。用户可单击或从菜单选项选择这一功能。如果道岔锁闭或单锁，"道岔反位"菜单选项不可用。

第一种方式操作步骤如下：

若要通过单击请求道岔转至反位，执行以下操作：将鼠标指针置于想要转至反位的定位道岔符号上，单击鼠标左键。单击右键菜单上的发送按钮。

第二种方式操作步骤如下：

若要通过菜单选项请求道岔转至反位，请执行以下操作：将鼠标指针置于想要转至反位的定位道岔符号上，单击鼠标右键，然后选择"道岔"菜单上的"道岔反位"。单击右键菜单上的发送按钮。

③道岔单锁。

可通过"道岔单锁"功能请求系统阻止道岔从其当前位置进行转动。如果道岔已单锁，"道岔单锁"菜单选项不可用。

操作步骤如下：

将鼠标指针置于道岔上，单击鼠标按钮右键，然后选择"道岔"菜单上的"道岔单锁"。单击右键菜单上的发送按钮。

④道岔单解。

用户可通过"道岔单解"功能请求系统对已单锁的道岔解锁。如果道岔单锁，系统会阻止道岔转动。"道岔单解"功能完成后，系统允许请求道岔转动。如果道岔未单锁，"道岔单解"菜单选项不可用。

操作步骤如下：

将鼠标指针置于道岔上，单击右键，然后选择"道岔"菜单上的"道岔单解"。在站场图空白处单击右键菜单上的发送按钮。当收到来自联锁的确认信息之后，在道岔附近显示闪烁的字母"E"。将鼠标指针移动至字母"E"上（位于道岔附近）并按下鼠标按右键，选择"使能"。在站场图空白处单击右键菜单上的发送按钮。

2）信号机操作

①排列进路。

办理进路有两种方式：

第一种方式执行以下操作：点击站场图中的要开放信号的信号机，系统将提示进路的始端和终端，根据站场图中的提示点击终端信号机，然后单击鼠标右键的发送按钮，即发送进路请求，如图2-32所示。

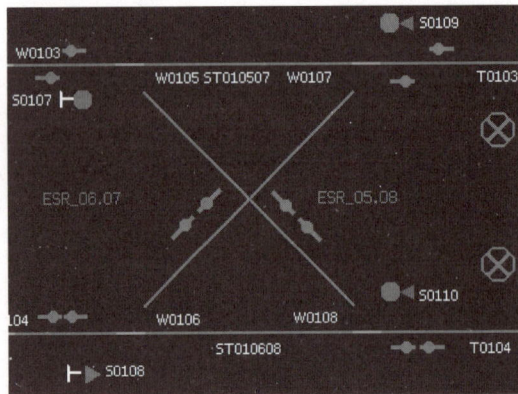

图 2-32　进路请求提示

示例：点击要开放的信号机 S0108，系统提示 S0109 和 S0110 均可以作为终端，即有两条进路选择。根据要排进路，再点击终端信号机 S0110，如图 2-33 所示。

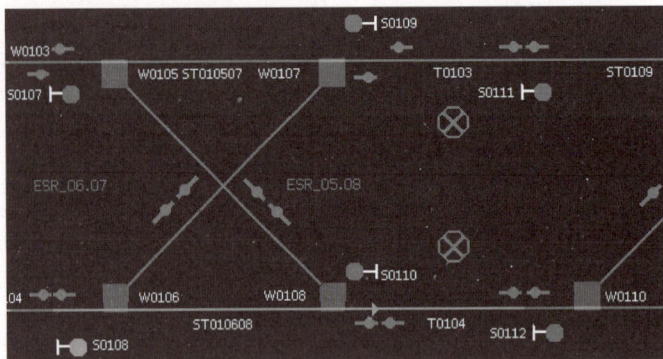

图 2-33　进路显示

第二种方式执行以下操作：选择始端信号机，将鼠标指针置于始端信号机，单击鼠标右键，然后选择"信号机"菜单上的"始端/终端选择"。选择终端信号机，将鼠标指针置于需要排列进路的终端信号机上，单击鼠标右键，然后选择"信号"菜单上的"始端/终端选择"。

②取消进路。

用户可通过"进路取消"功能取消先前开放的进路。如果请求进路取消时,信号被设置为自动进路,同时系统请求"关闭自动进路"命令。

操作步骤如下:将鼠标指针置于开放的信号机,单击鼠标按钮右键,然后选择"信号机"菜单上的"取消进路"。单击右键菜单上的发送按钮。

③自动进路。

"自动进路"功能可通过信号机开放自动进路或取消自动进路。

"开放自动进路"可让系统在进路区段出清时自动重新开放进路。如果信号关闭并且道岔处于定位,则可使用信号自动进路功能开放信号。

"关闭自动进路"让系统关闭信号机自动进路功能,并且仅可在已经开放自动进路的信号机上请求。"关闭自动进路"并不取消进路。

开放自动进路操作步骤如下:将鼠标指针置于用户要设置自动进路的信号机上,单击鼠标按钮右键,然后选择"信号机"菜单上的"开放自动进路"。单击右键菜单上的发送按钮。

关闭自动进路操作步骤如下:将鼠标指针置于已经开放自动进路的信号机上,单击鼠标按钮右键,然后选择"信号机"菜单上的"关闭自动进路"。单击右键菜单上的发送按钮。

④引导信号。

用户可开放信号并建立引导进路。

如果进路内任一轨道故障出现红光带,在确认故障轨道无车占用的情况下,可在接近轨道占用时开放引导信号。

操作步骤如下:将鼠标指针置于信号机上,单击鼠标按钮右键,然后选择"信号机"菜单上的"开放引导信号"。单击右键菜单上的发送按钮。

⑤终端封锁。

"终端信号封锁/解封"功能可以防止调度员开放以此信号机作为终端的进路或在信号解锁并允许再次设置进路。

"终端信号封锁"阻止以此信号机作为终端设置进路。

"终端信号解封"取消信号机终端封锁。

终端信号封锁操作步骤如下:将鼠标指针置于信号机上,单击鼠标按钮右键,然后选择"信号机"菜单上的"终端信号封锁"。单击右键菜单上的发送按钮。

终端信号解封操作步骤如下:将鼠标指针置于已经终端封锁的信号机上,单击鼠标按钮右键,然后选择"信号机"菜单上的"终端信号解封"。单击右键菜单上的发送按钮。当收到来自联锁的确认信息之后,在信号机附近显示闪烁的字母"E"。将鼠标指针移动至字母"E"上(位于信号机附近)并按下鼠标按右键,选择"使能"。在站场图空白处单击右键菜单上的发送按钮。

2.4.2 IBP 盘设备操作

（一）信号系统操作

信号联锁设备集中站与非信号联锁设备集中站的 IBP 信号系统盘面设置有所不同。联锁设备集中站较非联锁设备集中站按钮较为全面,除具有扣车按钮、取消扣车按钮、报警切除按钮、紧急停车按钮、取消紧停按钮、蜂鸣器、电话端子外,还具有相应计轴区段的复零按钮。

（1）二号线信号系统盘面布置及功能

1）非信号集中站

二号线非信号集中站信号系统盘面布置及功能如图 2-34 所示。

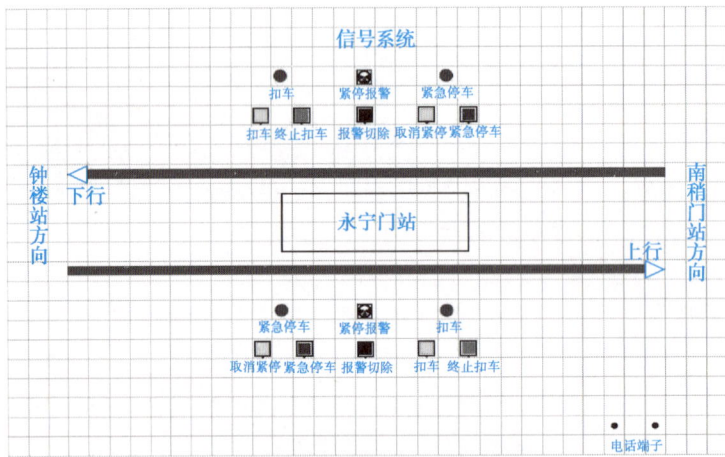

图 2-34　二号线非信号集中站信号系统盘面布置及功能

在紧急情况下,通过信号系统紧急按钮可以实现上行/下行的紧急停车/取消紧停、扣车/终止扣车及报警切除功能,同时设置紧急停车指示灯、扣车指示灯和紧停报警蜂鸣器来显示状态信息,电话端子作为应急电话的接线端。二号线的紧急停车/取消紧停按钮按上行、下行分别设置。（相关要求请参照信号系统说明）

紧急停车/取消紧停:当站台发生紧急情况,车站可根据行调指令或相应的应急处理程序按压紧急停车按钮。当紧急停车按钮按下后,蜂鸣器响起,起到警示作用,此时按下报警切除蜂鸣器停止报警;当站台紧急情况处理完毕按下取消紧停按钮后,蜂鸣器再次响起,起到警示作用,此时需再次按下报警切除按钮使蜂鸣器停止报警。

扣车/终止扣车:当前方站发生紧急情况,车站值班员可根据行调指令按压扣车按钮作为防护。操作时,按压 1~3 s 扣车,灯亮,表示操作成功。当扣车按钮按下后,蜂鸣器响起,起到警示作用,此时按下报警切除蜂鸣器停止报警;当前方紧急情况处理完毕按下取消扣车按钮后,蜂鸣器再次响起,起到警示作用,此时需再次按下报警切除按钮使蜂鸣器停止报警。

2)信号集中站

二号线信号集中站信号系统盘面布置及功能如图2-35所示。

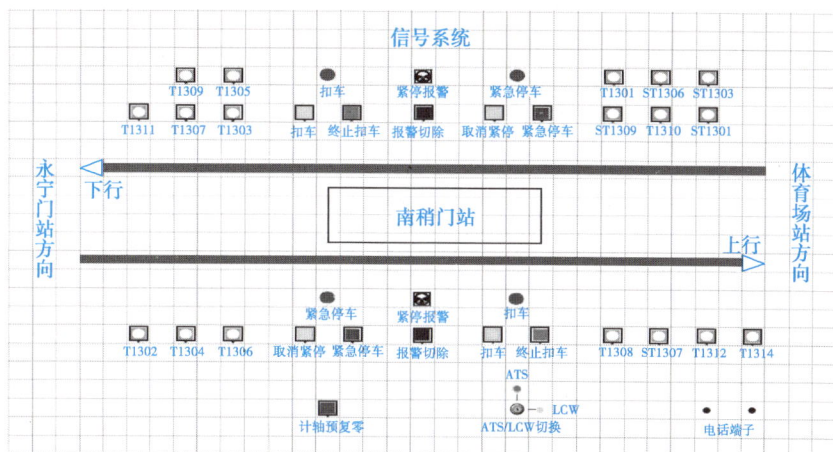

图2-35　二号线信号集中站信号系统盘面布置及功能

在紧急情况下,通过信号系统紧急按钮可以实现上行/下行的紧急停车/取消紧停、扣车/终止扣车及报警切除功能,同时设置紧急停车指示灯、扣车指示灯和紧停报警蜂鸣器来显示状态信息,电话端子作为应急电话的接线端。二号线的紧急停车/取消紧停按钮按上行、下行分别设置。(相关要求请参照信号系统说明)

紧急停车/取消紧停:当站台发生紧急情况,车站可根据行调指令或相应的应急处理程序按压紧急停车按钮。当紧急停车按钮按下后,蜂鸣器响起,起到警示作用,此时按下报警切除蜂鸣器停止报警;当站台紧急情况处理完毕按下取消紧停按钮后,蜂鸣器再次响起,起到警示作用,此时需再次按下报警切除按钮使蜂鸣器停止报警。

扣车/终止扣车:当前方站发生紧急情况,车站值班员可根据行调指令按压扣车按钮作为防护。操作时,按压1~3 s扣车,灯亮,表示操作成功。当扣车按钮按下后,蜂鸣器响起,起到警示作用,此时按下报警切除蜂鸣器停止报警;当前方紧急情况处理完毕按下取消扣车按钮后,蜂鸣器再次响起,起到警示作用,此时需再次按下报警切除按钮使蜂鸣器停止报警。

信号集中站在此功能基础上,增加了计轴复位、ATS/LCW切换功能及相应的状态指示灯。

计轴(预)复零的功能及注意事项:

功能:当计轴区段故障出现红光带,且区段内无列车占用,使用计轴预复零方式对该区段进行复零,预复零成功的计轴故障区段,须完整通过列车后,室内计轴主机才完成该计轴区段的复零。

操作:当采用计轴预复零方式恢复计轴区段故障时,车站值班员将IBP盘计轴总预复零按钮按下,同时按下相应区段的计轴预复零按钮,同时按压后保持3~5 s,松开后,相应区段亮黄灯4 s左右熄灭,表示预复零成功。若一次操作不成功,建议重新操作。

注:二号线信号集中站包括北客站、行政中心站、市图书馆站、北大街站、南稍门站、小

寨站、会展中心站、凤栖原站、韦曲南站,共 9 站。

（2）一号线盘面布置及功能

1）非信号集中站

一号线非信号集中站信号系统盘面布置及功能如图 2-36 所示。

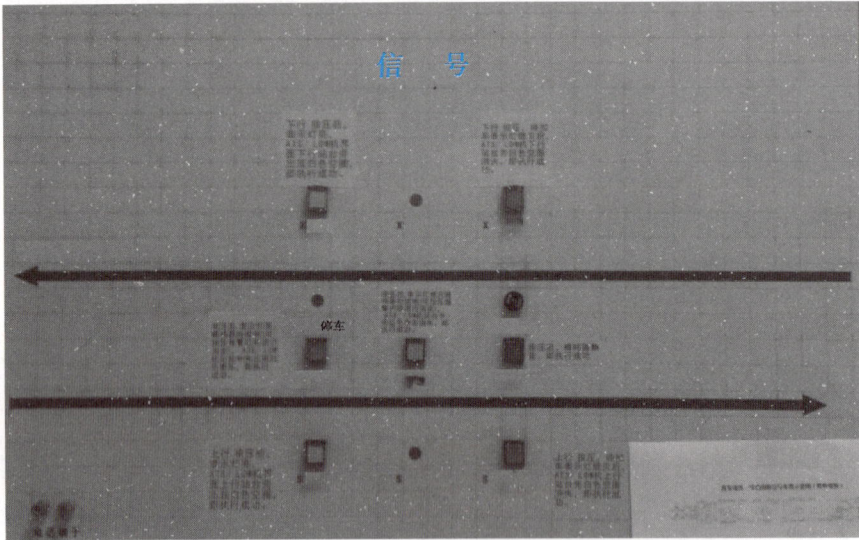

图 2-36　一号线非信号集中站信号系统盘面布置及功能

一号线非信号集中站的信号系统盘面布置与二号线类似。

在紧急情况下,通过信号系统紧急按钮可以实现上行/下行的紧急停车/取消紧停、扣车/终止扣车及报警切除功能,同时设置紧急停车指示灯、扣车指示灯和紧停报警蜂鸣器来显示状态信息,电话端子作为应急电话的接线端。（相关要求请参照信号系统说明）

紧急停车/取消紧停:当站台发生紧急情况,车站可根据行调指令或相应的应急处理程序按压紧急停车按钮。当紧急停车按钮按下后,蜂鸣器响起,起到警示作用,此时按下报警切除蜂鸣器停止报警;当站台紧急情况处理完毕按下取消紧停按钮后,蜂鸣器再次响起,起到警示作用,此时需再次按下报警切除按钮使蜂鸣器停止报警。

扣车/终止扣车:当前方站发生紧急情况,车站值班员可根据行调指令按压扣车按钮作为防护。操作时,按压 1~3 s 扣车,灯亮,表示操作成功。当扣车按钮按下后,蜂鸣器响起,起到警示作用,此时按下报警切除蜂鸣器停止报警;当前方紧急情况处理完毕按下取消扣车按钮后,蜂鸣器再次响起,起到警示作用,此时需再次按下报警切除按钮使蜂鸣器停止报警。

2）信号集中站

一号线信号集中站信号系统盘面布置及功能如图 2-37 所示。

在紧急情况下,通过信号系统紧急按钮可以实现上行/下行的紧急停车/取消紧停、扣车/终止扣车及报警切除功能,同时设置紧急停车指示灯、扣车指示灯和紧停报警蜂鸣器来显示状态信息,电话端子作为应急电话的接线端。一号线的紧急停车/取消紧停按钮只设置一副,可同时控制上下行站台对应轨行区的列车通行。（相关要求请参照信号系统说明）

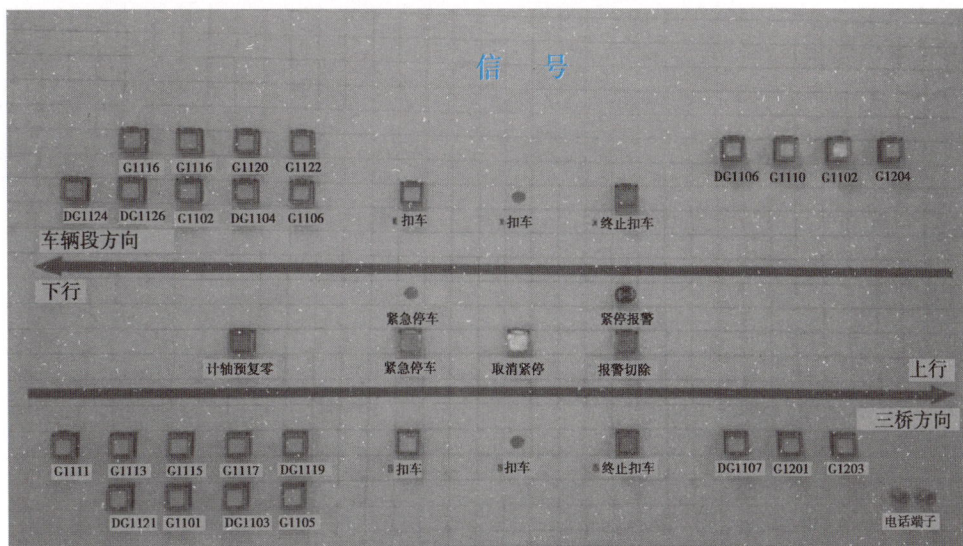

图 2-37　一号线信号集中站信号系统盘面布置及功能

紧急停车/取消紧停：当站台发生紧急情况，车站可根据行调指令或相应的应急处理程序按压紧急停车按钮。当紧急停车按钮按下后，蜂鸣器响起，起到警示作用，此时按下报警切除蜂鸣器停止报警；当站台紧急情况处理完毕按下取消紧停按钮后，蜂鸣器再次响起，起到警示作用，此时需再次按下报警切除按钮使蜂鸣器停止报警。

扣车/终止扣车：当前方站发生紧急情况，车站值班员可根据行调指令按压扣车按钮作为防护。操作时，按压 1~3 s 扣车，灯亮，表示操作成功。当扣车按钮按下后，蜂鸣器响起，起到警示作用，此时按下报警切除蜂鸣器停止报警；当前方紧急情况处理完毕按下取消扣车按钮后，蜂鸣器再次响起，起到警示作用，此时需再次按下报警切除按钮使蜂鸣器停止报警。

信号集中站在此功能基础上，增加了计轴复位按钮。

计轴复零的功能及注意事项：

功能：当轨道区段因故出现橙/红光带时，操作此组合按钮可对信号计轴室内模块完成预复零。

操作：

①同时按压轨道区段按钮和计轴预复零按钮。

②待轨道区段按钮表示灯亮即表示操作成功。

③松开轨道区段按钮和计轴预复零按钮。

注：一号线信号集中站分为一级、二级设备集中站。一级设备集中站：后卫寨、洒金桥、长乐坡；二级设备集中站：汉城路、康复路、纺织城。一、二级设备集中站均有相应区段的计轴复零功能按钮。

(二)屏蔽门系统操作

西安地铁一、二号线配备的屏蔽门系统盘面布置略有所不同，但均可实现当站台屏蔽门整侧无法正常开启时的紧急开门功能。

（1）二号线屏蔽门系统

二号线屏蔽门系统盘面布置及功能如图 2-38 所示。

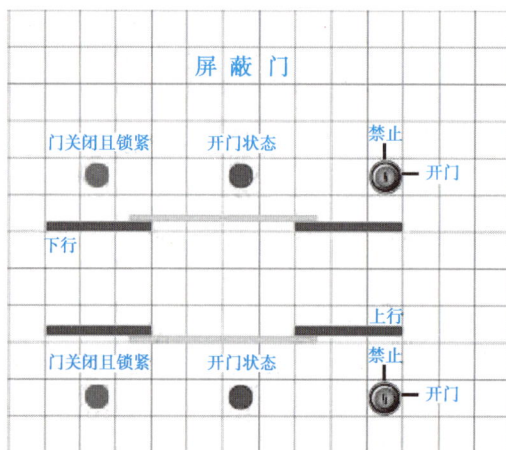

图 2-38　二号线屏蔽门系统盘面布置及功能

1）在紧急情况下，当需进行开门操作时，取下屏蔽门 IBP 专用钥匙，插入钥匙孔打到开门位。

2）复位时打到禁止位，拔出钥匙。

※　如屏蔽门还处于开门状态，需在 PSL 上进行关门操作。

当站台列车停稳，车门屏蔽门无法联动，同时 PSL 也无法打开时，值班员可经行调同意后，使用屏蔽门 IBP 专用钥匙打至"开门"位，乘客上下完毕后转至"禁止"位，站台用 PSL 关闭屏蔽门，若操作完"开门"没有及时打回"禁止"位，则 PSL 无法关门。站台屏蔽门打开时"开门状态灯"亮红灯；站台屏蔽门关闭且锁紧，信号正常时，"关闭且锁紧灯"亮绿灯。

（2）一号线屏蔽门系统

一号线屏蔽门系统盘面布置及功能如图 2-39 所示。

一号线 IBP 盘面上屏蔽门专用钥匙的正常位置为"禁止"位。当站台整侧屏蔽门无法打开时，车站值班员可经行调同意后使用 IBP 打开钥匙打开屏蔽门。操作方法为：将 IBP 屏蔽门专用钥匙转至"允许"位，再按压"开门"按钮，乘客上下完毕后转至"禁止"位。操作时，注意看清上下行。站台屏蔽门打开时"开门状态灯"亮红灯；站台屏蔽门关闭且锁紧，信号正常时，"关闭且锁紧灯"亮绿灯。

（三）自动扶梯操作（见图 2-40）

（1）在紧急情况下，需要停止出口与站厅层连接的电扶梯则按下出入口总急停按钮，需要停止站厅与站台连接的扶梯，则根据编号按下该编号的扶梯急停按钮。

（2）复位时，再次按下该按钮，使该按钮弹起指示灯熄灭即可。

与二号线不同，一号线自动扶梯控制板面可实现对出入口单个扶梯的急停操作。当发生紧急情况时，需要停止扶梯，则根据编号按下扶梯急停按钮。

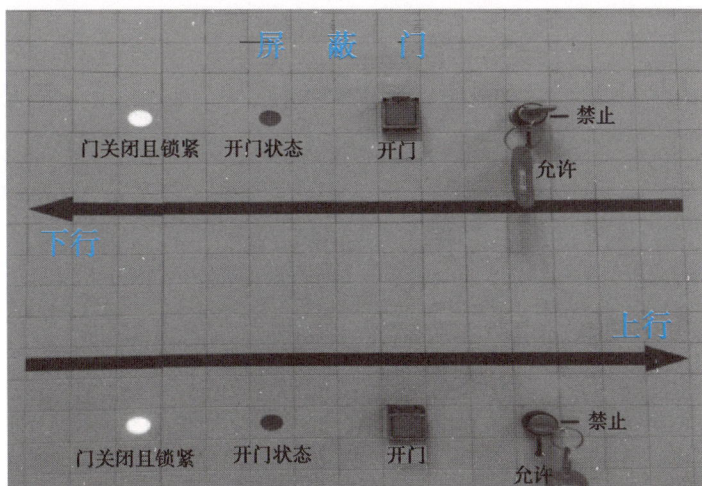

图 2-39　一号线屏蔽门系统盘面布置及功能

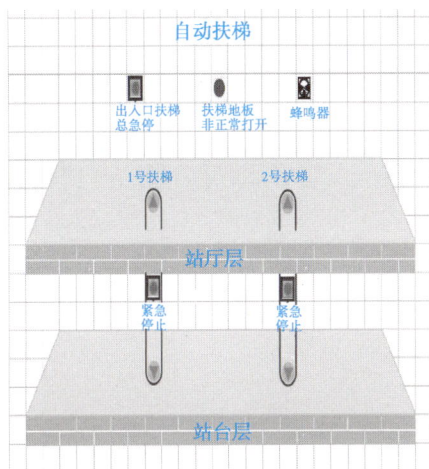

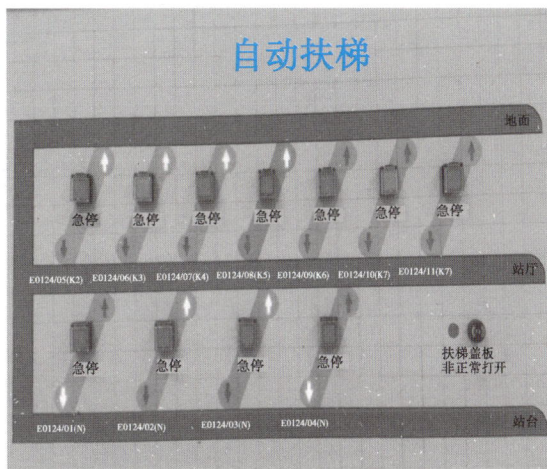

图 2-40　自动扶梯系统

(四)AFC 闸机操作(见图 2-41)

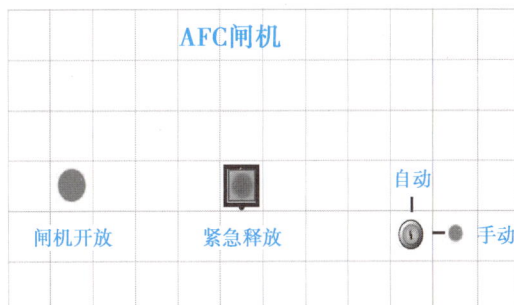

图 2-41　AFC 闸机操作系统

在火灾及拥挤事故等紧急情况下,通过 AFC 系统的紧急释放按钮可以实现打开所有闸机的功能,并设有闸机开放状态表示灯,自动/手动切换钥匙开关功能用于是否由 FAS

系统触发紧急释放：自动位置时可由 FAS 系统触发紧急释放，手动位置时则需手动执行紧急释放。

（1）需要进行 AFC 紧急释放操作时，则按下紧急释放按钮 1~3 s，闸机释放灯亮，表示操作成功。

（2）疏散完毕需复位时，再次按下该按钮，使该按钮弹起指示灯熄灭即可。复位后闸机恢复关闭状态。

※ 按此按钮操作无须将钥匙开关打入手动状态。

一号线闸机释放系统的功能与二号线类似，联动允许/联动禁止切换钥匙开关功能用于是否由 FAS 系统触发紧急释放：联动允许时可由 FAS 系统触发紧急释放，联动禁止时则需手动执行紧急释放。

（1）需要进行 AFC 紧急释放操作时，则按下紧急释放按钮，闸机释放灯亮表示操作成功。

（2）疏散完毕需复位时，再次按下该按钮，使该按钮弹起指示灯熄灭即可。复位后闸机恢复关闭状态。

（五）车站紧急通风操作（见图 2-42）

IBP 盘面设置的大系统、轨行区、A 端/B 端小系统及隧道紧急通风模式的应急带灯按钮可实现在综合监控系统操作员站操作无效情况下的应急控制功能，可通过这些按钮启动相应的模式，并通过按钮所带指示灯表示模式执行状态。设置自动/手动切换钥匙开关用于选择 IBP 盘是否可以启动模式及复位操作：手动位置时 IBP 可启动模式或复位操作，自动位置时 IBP 不能启动模式及复位操作。

（1）进行模式启动操作时，将 IBP 盘手自动开关钥匙打入手动位，根据环调指令按下相应模式号的按钮。

（2）复位时，按下复位按钮，将手自动开关打入自动位，在工作站中执行正常情况下所需执行的模式。

※ 执行正常模式如无特殊情况由环调来执行。

（六）消火栓水泵系统（见图 2-43）

在紧急情况下，通过消火栓水泵紧急按钮可以实现水泵的启动/停止功能，同时设置 1#、2#水泵的运行、故障指示灯及水泵处于自动状态指示灯来显示状态信息。

（1）进行消火栓水泵开启操作，按下消火栓水泵启动按钮。

（2）复位时，按下消火栓水泵停止按钮。

※一号线仅纺织城、半坡、浐河、枣园、通化门、皂河、三桥、后卫寨；二号线仅永宁门、南稍门、体育场、小寨、纬一街、会展中心、三爻、凤栖原、航天城、韦曲南站有此模块。

车站值班员操作时的操作时机、注意事项、操作步骤及现象：

（1）操作时机：出现火灾时，消火栓水泵会自动联动启动，如联动启动失败（IBP 盘消火栓水泵运行指示灯未亮起），则需手动执行 IBP 启动。

（2）操作时注意事项：需确认火警，并未联动启动。否则不能按压 IBP 盘消火栓水泵启动按钮。使用 IBP 启动消火栓水泵均为全站消火栓水泵启动，故在启动后站内消火栓均处于带水状态。

（3）操作步骤：直接按压 IBP 盘消火栓水泵启动按钮,启动消火栓水泵,灭火完后,按压消火栓水泵停止按钮,停止消火栓水泵。

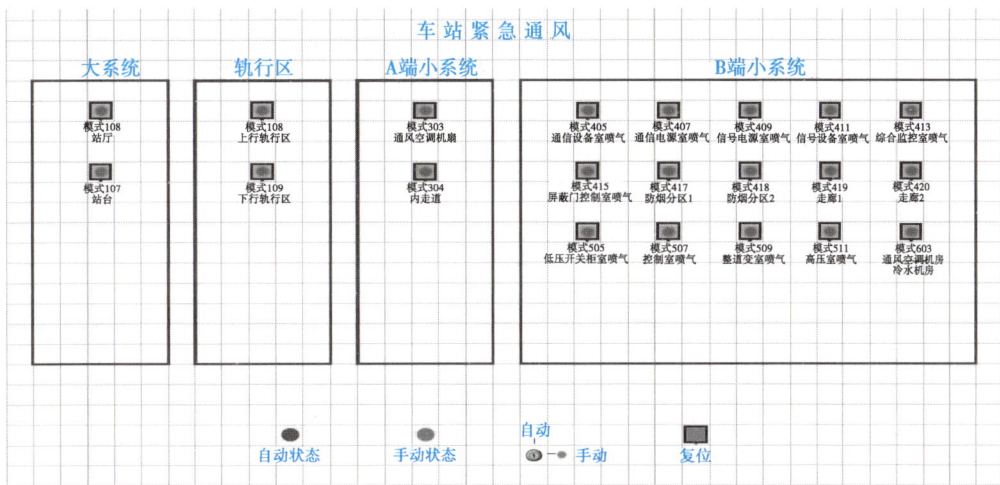

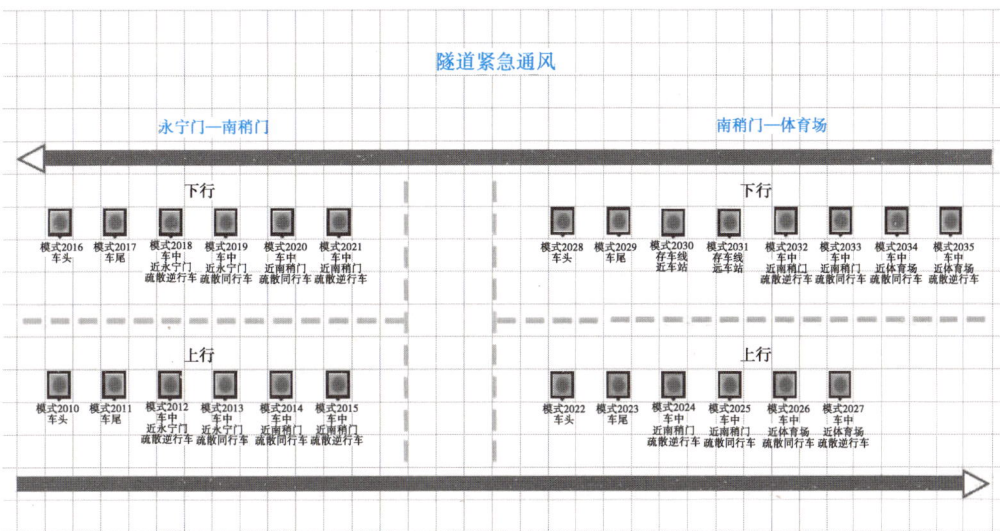

图 2-42　车站紧急通风系统

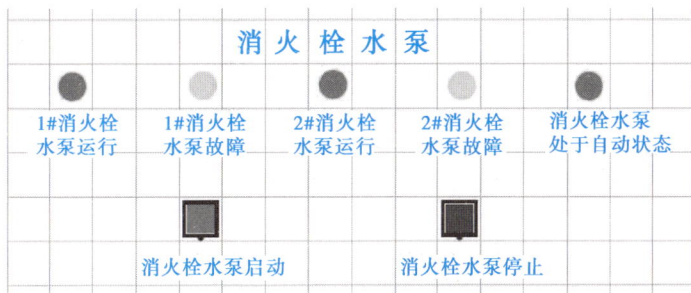

图 2-43　消火栓水泵系统

（4）操作后的现象：1#消火栓水泵和2#消火栓水泵运行状态指示灯亮起，1#消火栓水泵和2#消火栓水泵都处于运行状态。

（七）防淹门控制系统（见图2-44）

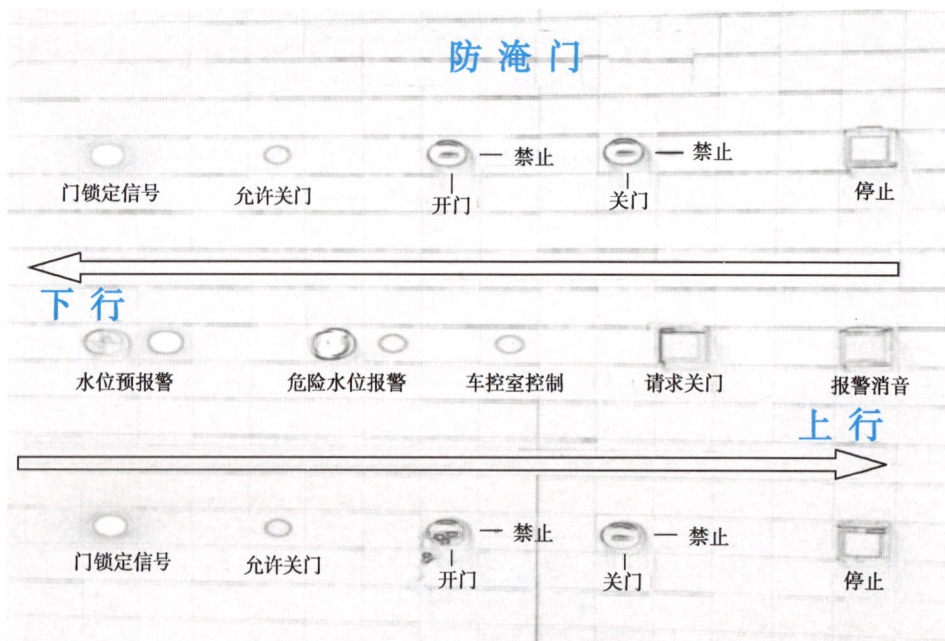

图 2-44　防淹门控制系统

西安地铁一号线防淹门设置在两个站，分别为浐河站、长乐坡—浐河区间风井，每站的左右线均设置防淹门一套，共4套防淹门系统设备。车控室紧急后备盘（IBP）上防淹门控制部分的按钮、指示灯设备除试灯按钮、水位报警信号外，其余部分按左右线防淹门分开设置。

车站值班员操作时的操作时机、注意事项、操作步骤及现象：

（1）操作时机：当区间有大量水涌入，IBP盘上危险水位报警指示灯亮起，蜂鸣器响起，防淹门设备联动失败，无法正常落下。

（2）操作时注意事项：由于防淹门落下影响运营安全，全程操作必须听从调度安排进行操作，并严格按照操作步骤进行。

（3）操作步骤：进行操作之前，汇报调度车站相关情况，申请操作防淹门的授权，调度同意后方可进行操作。首先确认防淹门权限（IBP/就地级），车控室控制指示灯是否常亮，若指示灯常亮，可进行下一步操作；若不亮，可在就地级进行操作或在就地设备处将控制权限转换至车控室。按压请求关门按钮，将请求信号发至信号设备（判断列车是否驶离相应的区段），信号设备确认后，反馈允许信号，IBP盘允许关门指示灯亮起，然后使用钥匙开关插入禁止—关门钥匙开关，打至关门位。防淹门完全关闭大致需要30 s，在此期间如有需要可以按压停止按钮，停止防淹门继续关闭。

(4)操作后的现象:操作后,防淹门逐渐落下,直至完全关闭。

(八)门禁系统(见图2-45)

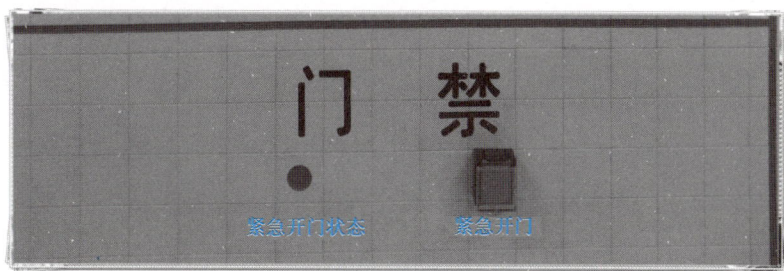

图2-45　门禁系统

车站值班员操作时的操作时机、操作步骤及现象:

(1)操作时机:当发生火灾或紧急情况下,门禁未联动紧急释放(站内安装有门禁的门体未打开),则需手动执行 IBP 门禁释放按钮。

(2)操作步骤:将 IBP 盘门禁系统钥匙开关打至手动位,按下门禁紧急释放按钮。

(3)操作后的现象:紧急开门状态指示灯亮起,车站所有门禁系统将全部处于开启状态。[注:一号线部分车站拥有夹层设备区通道门门禁(无读卡器,使用键盘密码锁开启)不在控制范围内]

(九)试灯操作(见图2-46)

IBP 盘面设置试灯按钮,当系统出现故障时(主要指盘面上的指示灯指示状态与现场的设备状态情况不一致),可对应急操作盘的盘面指示灯/蜂鸣器进行测试,可准确判断是 IBP 盘内部故障还是外部系统的故障。

图2-46　试灯操作

2.4.3　BAS 系统操作

(一)车站 BAS 功能

(1)正常工况下:提供车站环控设备和其他机电设备的监控、实时操作;实现节能与优化控制。

(2)非正常工况下:提供监控手段,为操作员应付紧急情况提供信息帮助。

(3)车站值班工作站可以监视:

1)车站的 BAS 设备状态;

2)车站的环境参数以及环控的过程参数;

3)车站的 BAS 模式状态;

4)车站的 BAS 时间表内容。

(4)车站值班工作站可以控制:

1)BAS 模式号的启动;

2)动力照明系统;

3）通风和空调系统；

4）给排水系统；

5）空调水系统；

6）车站控制室的 IBP 盘提供紧急的后备控制。

（5）车站级功能

1）本车站机电设备监控：通风空调系统、照明导向系统、给排水系统、电扶梯系统。

2）监视和记录车站典型区域测试点的温度、湿度、二氧化碳等环境参数。

3）对于所有的监控设备，可以实现单独控制和各种模式手动和自动控制。

4）接受 FAS 的指令，控制车站通风空调及相关设备转入灾害模式运行。

5）通过过程控制算法，控制车站通风空调系统，调节站内的环境参数，保证车站环境的舒适性，同时实现最大限度的节能。

（6）就地级功能

1）能对单台设备进行就地控制，满足设备的现场调试要求。

2）能实现对现场信号的采集、信号的转换和控制信号的输出。

3）具有智能通信接口的各个现场设备通过现场总线和控制器相连接，实现数据的通信。

4）各相关通信接口，主要实现不同通信要求的转换，保证通信数据的实时采集和安全传输。

（二）BAS 监控对象

（1）车站风系统：主要监控车站各种风机、风阀、温湿度传感器等。

（2）车站给排水系统：主要监控各种排水泵、废水泵、区间水泵等。

（3）车站水系统：主要监控冷水机组、水泵、二通阀、水路上压力、温度、压差、流量传感器。

（4）车站照明导向系统：主要监控车站照明、导向、应急电源灯。

（5）车站电扶梯：主要监控车站扶梯、电梯等。

（三）BAS 控制权限

（1）车站的通风空调系统由中央控制、车站控制和非 BAS 控制三级组成。

车站控制：车站控制级的控制权限有三个，即 FAS、IBP 盘、车站综合监控工作站。其中 FAS 控制权限不在综合监控工作站画面上显示，其他权限状态如 OCC 综合监控工作站、车站综合监控工作站、IBP 盘将会在 OCC 综合监控工作站相应车站画面和车站的综合监控工作站画面上显示。

（2）BAS 系统的控制权限由高到低主要分为非 BAS/BAS、IBP 盘、FAS 指令、车站综合监控工作站、OCC 综合监控工作站。

（3）模式控制权限由高到低主要分为火灾模式、阻塞模式、正常模式。

（四）BAS 模式控制

在 IBP 盘上的模式操作按钮为带灯按钮，在有权限的时候按下模式启动，通过灯的不同状态表示模式的执行状态。

模式停止:熄灯 模式执行中:灯以 1 Hz 频率闪烁
模式执行成功:灯常亮 模式执行失败:灯以 2 Hz 频率闪烁

正常模式的指令来源有:车站综合监控工作站点动、OCC 综合监控工作站点动、时间表形式发出的模式指令。正常模式的状态分为未启动、执行中、执行成功和执行失败。未启动表示该模式未被触发执行;执行中表示该模式已开始启动,但其执行时间还未结束(设备按模式要求动作中);模式执行时间结束后,根据该模式中设备状态是否符合模式要求,判断模式的执行结果为成功或失败。

火灾模式的指令来源分为 FAS 报警指令、IBP 盘按钮指令、车站综合监控工作站点操指令、OCC 综合监控工作站点操指令。

火灾模式的执行优先级别最高,火灾模式可以自由抢占正在执行的正常模式,而正常模式指令不能抢占火灾模式的执行。所以在火灾消除以后,系统必须进行火灾复位后才能转入正常模式。

阻塞模式的指令来源如下:OCC 综合监控工作站指令(含与信号系统的联动模式提示框的点动),在任何状态下阻塞模式的启动和解除都需有 OCC 运营人员参与。阻塞模式解除后区间隧道模式进入正常工况模式。

阻塞模式属于灾害模式的一种,执行优先级别较正常模式高,较火灾模式为低。即:系统在正常工况下运行时,接收阻塞模式指令系统就进入阻塞工况,接收到火灾模式指令系统就进入火灾工况;系统在阻塞工况运行时,接收到正常模式指令或阻塞模式指令时系统将丢弃其收到的模式指令而继续按原阻塞工况运行,但接收到火灾模式指令时系统即进入火灾工况;系统在火灾工况下运行时,无论接收到的是正常模式指令还是阻塞模式指令,系统都将丢弃其收到的模式指令而不予执行,继续按原火灾工况运行。

车站正常运行时,相关的通风空调模式为正常的模式。当车站发生火灾时,FAS 的火灾报警通过通讯分别传送给综合监控系统主体系统和 BAS 系统。

BAS 系统将根据收到的 FAS 报警信息或操作人员点击相关控制按钮使车站的 BAS 系统进入火灾工况运行,这时 BAS 系统会联动相关的大、小、水系统进入预先设定好的工作状态。在同一时间内发生的火灾,BAS 只执行 FAS 最先发来的火灾模式并保持(FAS 之后发送的其他火灾模式,BAS 只记录,不联动),直到接收到火灾复位信号为止。

对于气灭保护区域发生火灾,BAS 根据 FAS 发来的火灾模式,执行相应的气体灭火模式,在按照国家规范执行气体灭火模式规定的抑制时间后(抑制时间为 15 min),弹出执行气灭后模式确认按钮,由人工确认进入气体灭火后模式,若人工在 2 min 内没有确认进入气体灭火后模式,系统自动转入气体灭火后模式。

当救灾结束后,车站需要进入正常运行,因为在火灾运行时系统不会再执行正常模式指令,所以需要一个"火灾复位"过程,使 BAS 系统从执行火灾模式转入到正常模式运行中。

"火灾复位"指令由 FAS 先进行火灾复位,而后由 ISCS 工作站或 IBP 盘发出人工火灾复位,BAS 系统根据收到的"火灾复位"指令,终止当前的正在执行的火灾模式。

火灾复位前,可以执行气灭保护区的灭火后模式,其他模式都不能执行。

在系统执行完火灾模式（包括灭火后模式），并复位后，手动选择车站 BAS 系统所监控的设备正常运行模式，系统进入正常运行工况。

2.4.4　综合监控 HMI

（一）FAS 部分

ISCS 通过车站 FEP 接收到本车站范围内 FAS 各主机状态、防火分区报警信息和火灾告警信息等数据，进行协议处理后转发给车站服务器。车站服务器对 FAS 数据进行处理、记录，一方面上传给中央实时服务器，另一方面在车站操作员工作站 HMI 按照预配置的告警形式发出告警，如告警画面、声音告警等。中央实时服务器接收到车站服务器的防火分区报警和火灾告警信息后，对数据进行处理、记录，一方面在 OCC 操作员工作站 HMI 按照预配置的告警形式发出告警，如弹出告警画面、声音告警等；另一方面将告警信息写入历史数据库。这样，操作员可以直观地看见各个车站的安全状态，以及是否有已确认火灾报警和未确认火灾报警；下面以 HMI 示例（见图 2-47、图 2-48）。

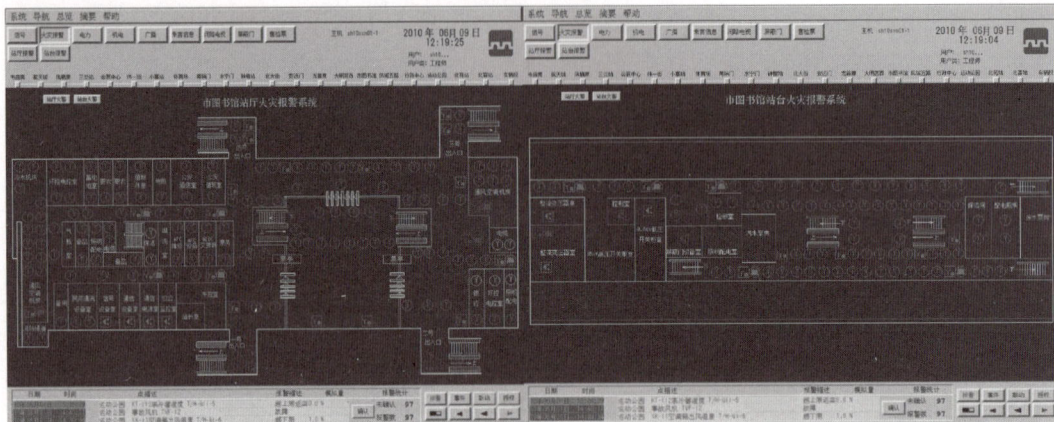

图 2-47　HMI 示例 1

（二）PSD 部分

控制中心工作站的 HMI 软件上显示全线 PSD 系统运营状况，可实时监视全线所有滑动屏蔽门、应急逃生门、端门、单元控制器、就地控制器和电源的状态和报警。以各个车站平面分布图形式实现上述功能，每个车站设计一张 PSD 画面，按照列车编组长度、各个门的实际位置放置滑动屏蔽门、端门的图元，通过预定义的图元向操作员提供 PSD 信息的监视。当设备有报警时，图元变成红色闪烁状态。操作员可以在导航栏上选择"车站"→选择"屏蔽门"查看 HMI 画面。

滑动屏蔽门和端门状态监视：通过 HMI 画面，操作员可以监视上下行屏蔽门和端门状态，包括门开、门关、门报警等（门图元在各种状态下的实际显示情况请参见《ISCS 图元设计》所述）。

当门设备报警的时候，门图元会红色闪烁，点击后可以点击详情弹出该门图元的详情面板（具体见 ISCS 通用功能文件），如图 2-49 从面板上的指示，灯和中文描述可以判断出

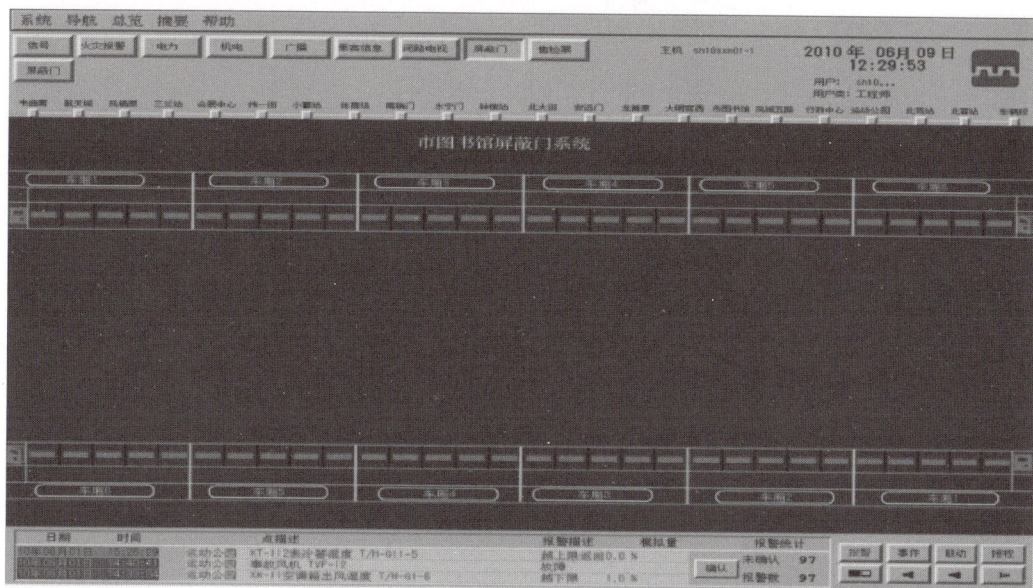

图 2-48 HMI 示例 2

为何种报警;如果确认过该报警,图元将不再闪烁,但仍然会保持红色,直到报警消除。

应急门状态监视:应急门为两种状态,即打开和未打开。

画面切换:中心级工作站可以查看全线所有车站的 PSD 信息,通过车站选择栏按钮查看各站的信息。

(1)PSD 报警功能

在报警列表画面上可以实时显示 PSD 系统滑

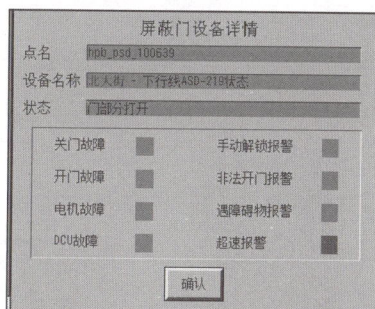

图 2-49 HMI 示例 3

动屏蔽门、端门、就地控制器、单元控制器和电源的报警信息。具体的报警内容为:报警发生日期时间、所在车站、报警信号的描述、报警状态、报警信号类别或级别等。无论操作员当前监控的画面是不是 PSD 系统 HMI 画面,均可以通过报警列表画面筛选察看 PSD 报警信息。

(2)PSD 事件功能

操作员利用事件 HMI 画面可以查询 PSD 的事件记录,无论操作员画面是否处于 PSD 系统画面,只要单击"事件"按钮,就可以调出事件列表画面,操作员可以使用事件列表画面提供的过滤对话框查看某类 PSD 事件信息。报警和事件的查看方式见 ISCS 通用 HMI。

(三)PA 部分

(1)广播系统(PA)ISCS 功能

1)控制中心/备用中心广播系统(PA)ISCS 功能

调度员通过综合监控系统完成以下功能:

①广播范围选择,应可以按照列表和车站平面图方式选择,种类包括:

- 对正线所有车站。
- 对正线多个车站相同广播区。
- 对正线任一个车站的全部广播区。
- 对正线任一个车站的单个广播区。
- 可进行音源选择:语音或话筒。

②监听:可对正线任意单个广播区域的语音广播内容进行监听。

③广播设备状态监视:正线车站/车辆段以广播分区为单位的占用和故障情况。

PA 系统控制中心人机界面如图 2-50 所示。

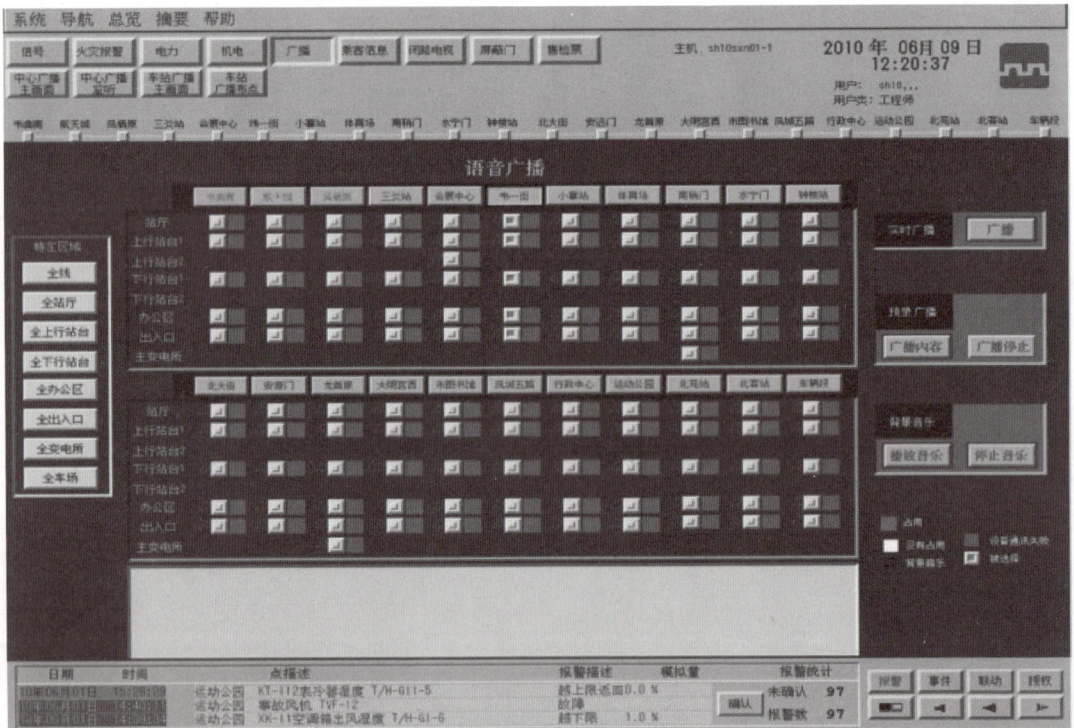

图 2-50　PA 系统控制中心人机界面

2)车站广播系统(PA)ISCS 功能

值班员通过综合监控系统完成以下功能:

①广播范围选择,应可以按照列表和车站平面图方式选择,种类包括:

- 对本站的全部广播区。
- 对本站的任意部分广播分区组合。
- 对本站任一单独广播分区。
- 可进行音源选择:语音、线路或话筒。

②监听:可选择本站任意单一广播区域的语音广播内容进行监听。

③广播设备状态监视:本站以广播分区为单位的占用和故障情况。

PA 系统车站人机界面如图 2-51 所示。

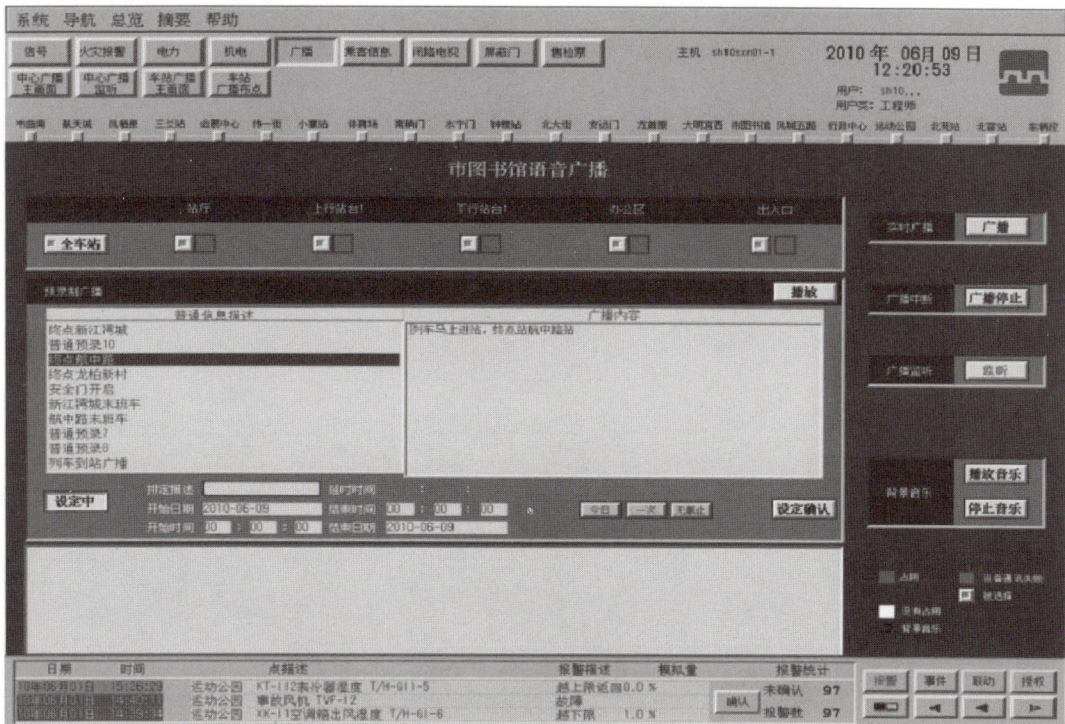

图 2-51　PA 系统车站人机界面

3) 车辆段广播系统(PA)ISCS 功能

值班员通过综合监控系统完成以下功能:

①广播范围选择;

②可进行音源选择:语音或话筒;

③监听:可选择车辆段任意单一广播区域的语音广播内容进行监听;

④广播设备状态监视:车辆段以广播分区为单位的占用和故障情况。

4) 监控功能

监控功能要求总结见表 2-4。

表 2-4　监控功能汇总表

监控对象	监控要求		
	单区域控制	区域组控制	车站控制
语音广播	√	√	√
话筒广播	√	√	√
监听	√		

(2) 车站广播系统(PA)HMI 操作方法

1) 在 soft_panel 窗口,选中车站市图书馆,点击按钮广播,进入市图书馆的广播画面,如图 2-52 所示。

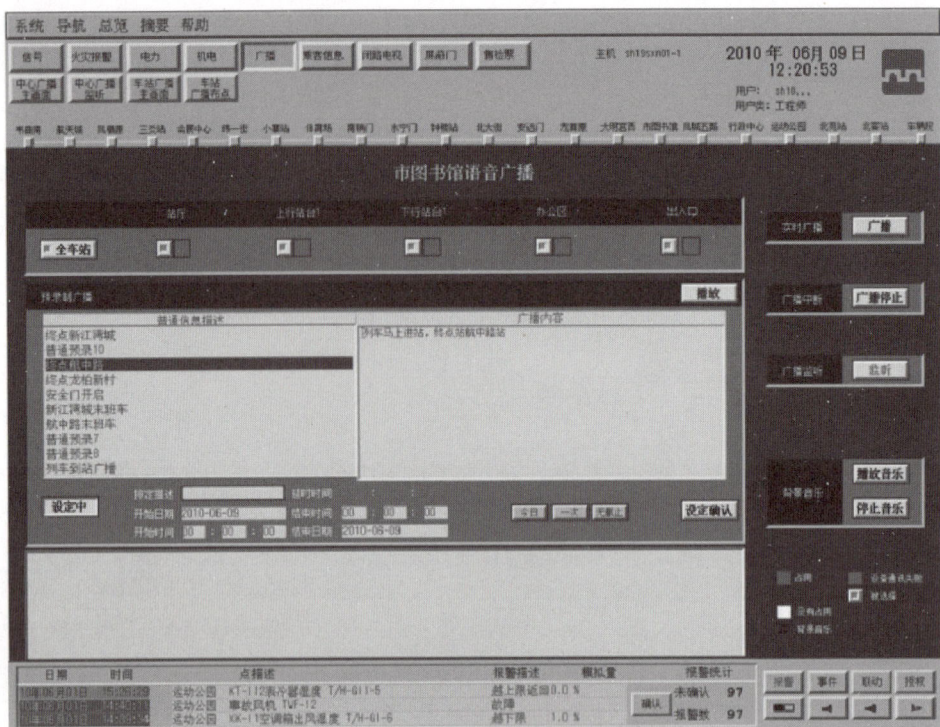

图 2-52　车站广播音源的选择

2）广播区域的选择：

①在上方的特定区域左键点击全车站，实现对整个车站的广播区域选择，再次点击取消选择。

②在上方特定区域列表左键点击上行站台和下行站台，实现对车站任意广播区（现以上行站台和下行站台为例）的选择，再次点击取消选择。

③在上方的特定区域左键点击上行站台，实现对车站单个广播区（现以上行站台为例）的选择。

3）音源的选择：

①语音广播：选择广播区域，在 HMI 上的语音广播区域选择，可以对广播区全选或单选。

②实时广播（话筒广播）：选择广播区域，在 HMI 上的实时广播区域选择广播，则切换现有广播方式为话筒广播。实时广播优先级最高。

③预录制广播：选择广播区域，再选择普通预录制广播的内容，然后点击播放。

④计时广播：选择广播的内容，再设置计时广播的开始时间和结束时间，以及延迟时间，最后点击设定确认。

4）监听：选择广播区域，在 HMI 上的广播监听区域选择监听，则实现对此广播区域的监听。

5）背景音乐：选择对应的广播区，在背景音乐区域点击播放音乐。

6)广播设备状态监视:通过不同颜色的色块,实现对广播设备占用、故障、选定的描述。

(四)CCTV 部分

(1)车站 CCTV 一般控制功能(见图 2-53)

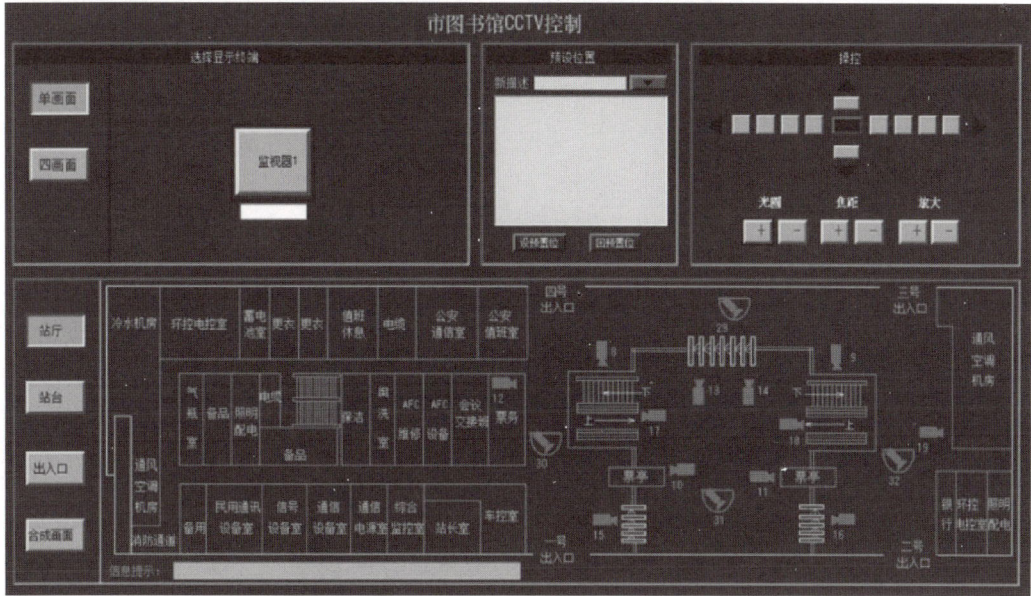

图 2-53　车站 CCTV 一般控制功能

此画面主要用于车站操作员对车站内某个摄像机进行选择、控制。画面左上角为单画面/四画面选择按钮,操作员通过点击进行单画面、四画面的选择。画面下半部分是本车站的导航图,操作员通过点击左侧的按钮,选择车站的区域。当选定区域后,可以在位置按钮左侧显示所选区域的示意图,图中标出此区域内所有摄像机,点击摄像机图元可以选中此摄像机,如图 2-54 所示。

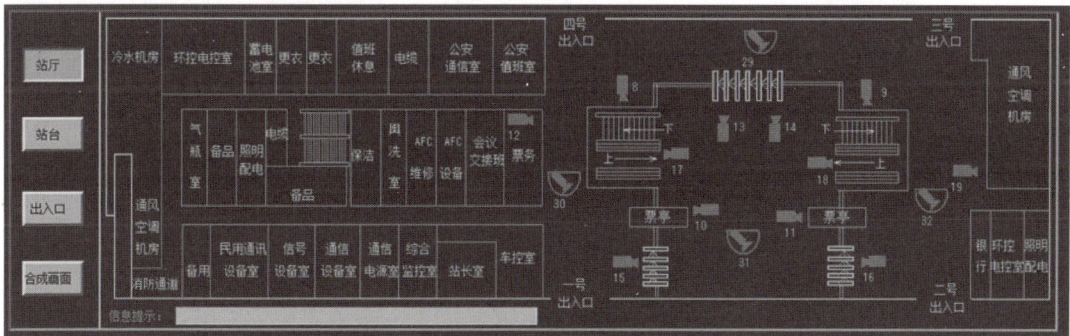

图 2-54

当选择云台摄像机时,上半部的"操控"按钮可用,操作员可对此摄像机可以控制,如图 2-55 所示。

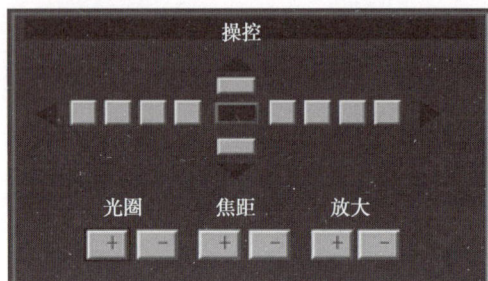

图 2-55

(2)车站 CCTV 序列控制功能(见图 2-56)

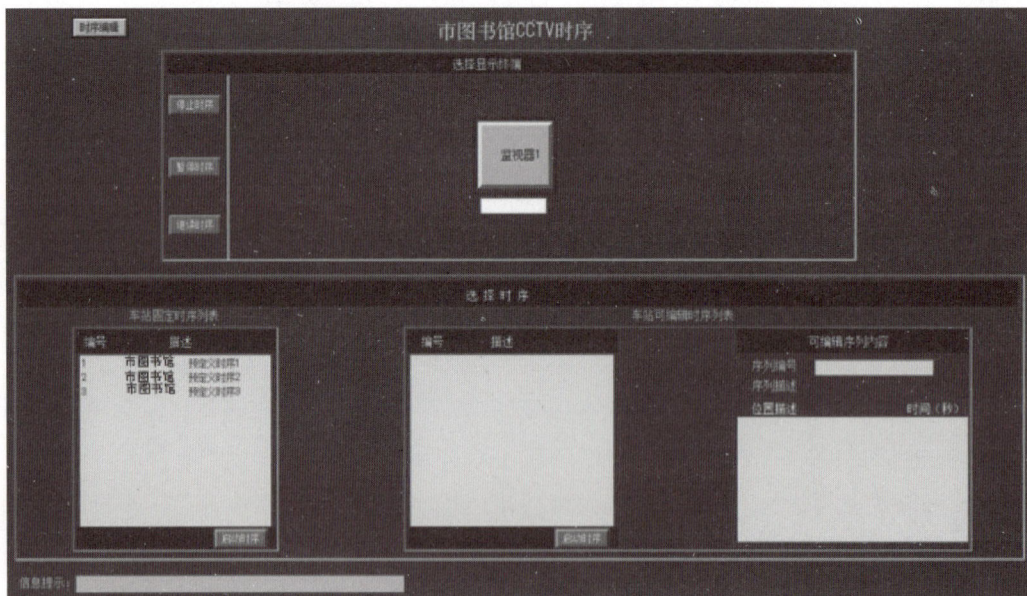

图 2-56 车站 CCTV 序列控制功能

此画面用于选择当前操作员工作站对应监视器执行的显示序列。画面上半部会显示监视器当前正在执行视频编号信息,如果没有显示视频,则为空。画面下半部分别显示了当前系统中已定义的本车站固定序列与人工序列,选择某个序列并点击下方的"启动时序"按钮,对应监视器就开始执行所选择的显示序列,如图 2-57 所示。

选择某个可编辑序列,点击"查看"按钮,可以查看可编辑时序的具体内容,点击"启动时序"按钮,对应监视器就开始执行所选择的序列。

(3)车站 CCTV 序列编辑功能(见图 2-58)

此画面用于对人工序列进行添加、编辑、删除操作。画面上半部左侧显示了当前系统中已定义的本车站人工序列。在人工序列列表中选择某条序列,点击"删除"按钮,则此序列被删除。如果点击"修改"按钮,则当前序列中每条控制命令所包含的摄像机位置描述信息及切换时间将在下半部进行显示。

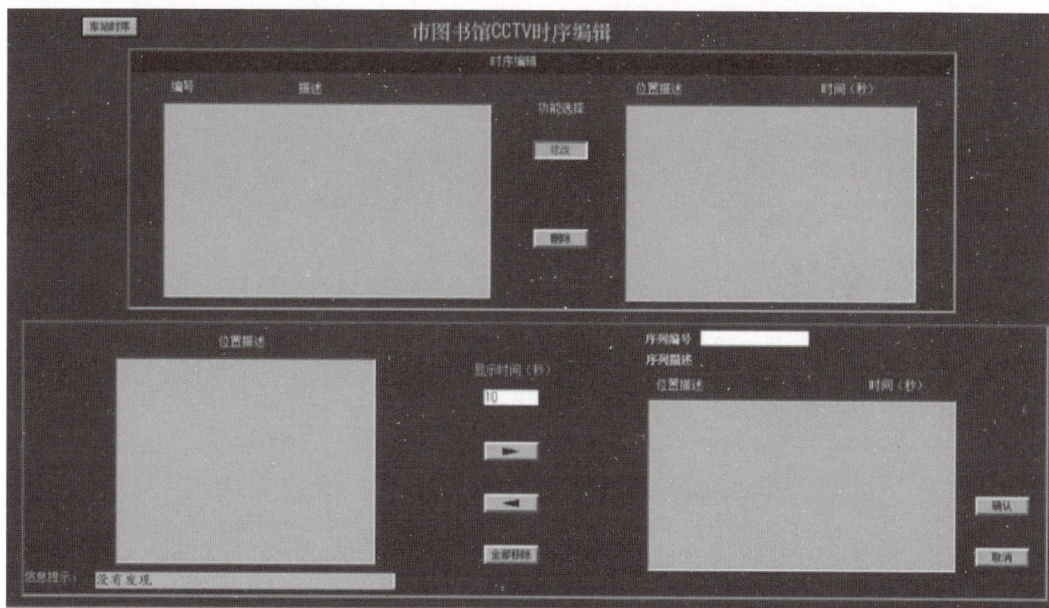

图 2-57

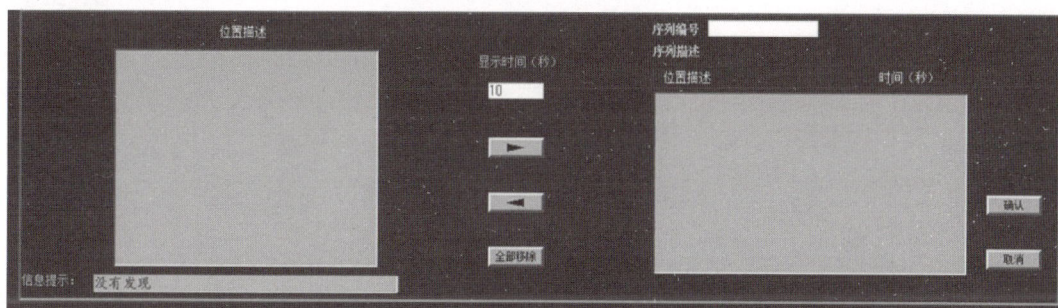

图 2-58　车站 CCTV 序列编辑功能

（五）AFC 部分

在 ISCS 工作站上打开 AFC 系统专业的界面,如图 2-59 所示:显示红色的图元代表该点处于报警状态,绿色表示设备处于正常运行状态。

2.4.5　自动报警系统气体灭火系统

（一）概述

FAS 及气体灭火系统提供多种操作方式。采用鼠标操作时,移动鼠标,图形显示器上的光标随之移动。光标到达有效操作区域后,点击鼠标左键,所选择的画面跳出,即表示操作生效。采用按键操作时,在火灾报警控制盘或气体灭火控制盘上,按下按钮便会出现相应的画面,为了系统的安全和避免误操作进入重要画面需要以确定的权限。因此,操作方法有一些新的规定,特作以下说明。

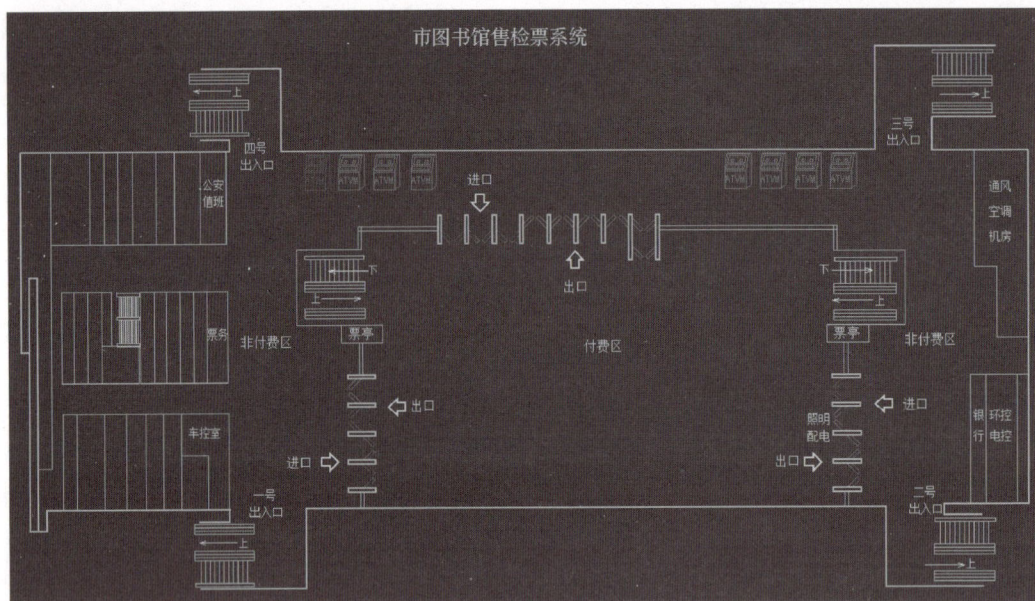

图 2-59　AFC 系统图

（1）系统操作方式

本系统操作方式为按键与鼠标两种。

（2）操作人员要求

上岗前必须经过培训并考试合格后方可持证上岗。操作人员应具备基本的 FAS 系统知识，能够熟练地掌握按键和鼠标的操作以及对不同状态的图元进行识别。

（二）FAS 及气体灭火控制系统主要设备组成

（1）图文工作站 ONYXWorks

1）程序界面（见图 2-60）

图 2-60　程序界面

初次打开程序，在没输入密码的情况下，多个程序菜单禁止操作，包括对主机的消音、复位。工作站显示系统各设备状态颜色含义做以下说明：

系统设备常态：绿色　　系统设备隔离：蓝色　　　系统设备火警：红色

系统设备故障：黄色　　输入模块监管报警：紫色　　输入模块火警：红色

点击左上角"文件"，选择"登录"输入密码，登录。

2）工作站上图形显示

①工作站视图模式

工作站有图形模式和文本模式两种视图模式，如图2-61所示。系统默认为图形模式。

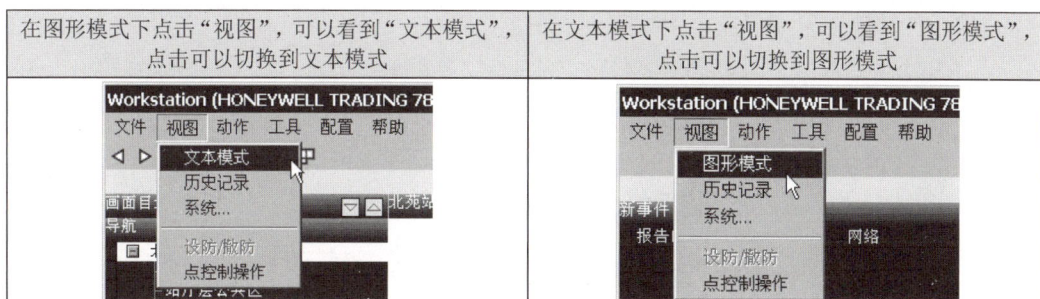

在图形模式下点击"视图"，可以看到"文本模式"，点击可以切换到文本模式	在文本模式下点击"视图"，可以看到"图形模式"，点击可以切换到图形模式

图2-61　视图模式

②历史记录

历史记录管理器是一个查看数据库中所有事件的程序。历史记录管理器可以按特定事件类型、点及事件的日期进行过滤。用户可以通过"开始">"所有程序">"Facilities Monitoring">"History Manager"进入历史记录管理器，如图2-62所示。

图2-62　历史记录管理器

在管理器窗口底端的信息栏显示的是整个数据库的事件数量、所显示的事件类别、日期和当前时间。

（2）火灾报警控制盘组成

1）液晶显示屏

这个液晶显示屏每行有 20 个中文字符，共 8 行，可以显示所有的编程、事件、历史记录、器件等信息。用键盘可以输入或者改变信息，还可以执行命令。

2）键盘

键盘由数字字符键、软键、固定功能键、特殊功能键组成。

①数字字符键：键盘的数字字符键部分是标准 QWERTY 格式，当系统需要输入时，这些键起作用，其他情况下，按这些键不产生任何输入。

②软键：在显示屏的左右两边共有 10 个软按键，这些按键可以执行显示在屏幕上的命令。每一屏幕有不同的信息，这些键的功能与屏幕上的显示内容对应。

③固定功能键：在键盘/显示屏右边的 9 个红色按键是固定功能键。

④特殊功能键：QWERTY 标准键盘的右边是特殊功能键。

3）LED 灯指示

有 10 个有标记的 LED 灯，排列于键区的左边。它们为告知某一事件而发出光指示。表 2-5 描述了 LED 灯指示状态。

表 2-5　LED 灯指示状态表

LED 指示灯	颜 色	功　能
电源	绿色	点亮表明交流电源供电正常
火警	红色	当至少有一个火警存在时灯亮，如果其中有一些火警未确认，它将不停地闪烁
预警	红色	当至少有一个预警存在时灯亮，如果其中有一些预警未确认，它将不停地闪烁
反馈	蓝色	当至少有一个反馈报警存在时灯亮，如果其中有一些反馈报警未确认，它将不停地闪烁
监视	黄色	当至少有一个监管事件存在时灯亮，如果其中有一些监管事件未确认，它将不停地闪烁
系统故障	黄色	当至少有一个故障存在时灯亮，如果其中有一些故障未确认，它将不停地闪烁
其他事件	黄色	除以上列出事件以外，还有事件存在时，如果事件未确认，它将不停地闪烁
信号消音	黄色	如果 IFC2-3030 的告警设备已经消音了，灯亮。如果仅一些，并非所有的告警器消音，灯将不停地闪烁
点屏蔽	黄色	当至少有一个设备被屏蔽时灯亮，它一直闪烁着，直到所有的屏蔽点被确认
CPU 故障	黄色	当硬件或者软件工作状态非正常，影响到系统时灯亮。当 LED 灯亮或者闪烁时，控制器不能正常工作

4）消防电话（见图2-63）

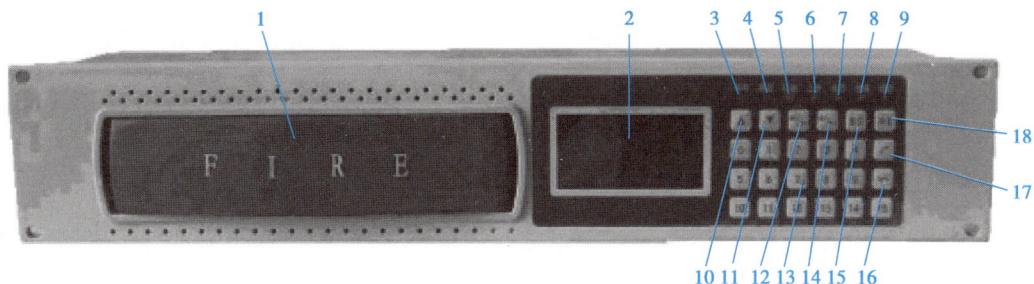

图 2-63　消防电话总机外形示意图

1—通话手柄	语音信息输入输出；	10—上方向键	菜单或数据输入；
2—液晶显示屏	操作、功能显示；	11—下方向键	菜单或数据输入；
3—呼叫灯	分机呼叫指示；	12—确认/放音键	输入确认或重放录音；
4—通话灯	接通功能确认；	13—数字键	数据或分机地址输入；
5—故障灯	各类故障指示；	14—退出/停止键	退出操作或停止放音；
6—工作灯	主机电源显示；	15—复位键	系统复位清除故障点；
7—录音灯	通话时自动录音指示；	16—挂机键	主机挂断分机；
8—录满灯	记录或录音满90%指示；	17—呼叫/通话键	呼叫或与分机通话；
9—消音灯	报警静音指示；	18—消音键	暂时关闭声报警

（三）操作控制

（1）火灾报警控制器

1）控制器操作

系统正常：当没有火警和故障存在时，系统工作在正常状态下。在这种模式下，控制器显示系统正常信息，如图2-64所示。

图 2-64　图系统正常时的显示画面

控制器周期性地执行如下功能：

①控制器对信号回路器件和控制器电路进行巡检，检查有效应答、报警、故障、电路完整和监管信号等。

②检测供电电源故障和备电故障。

③更新控制器显示和时间。

④扫描显示屏、键盘、控制键输入。

⑤对探测器自动测试。

⑥测试系统存储器。

⑦监视微处理器故障。

※ 当控制器在正常模式下,操作员不需要操作。

2)确认事件

当控制器检测到一个非正常事件时,信息显示在屏幕上,其中一个软键在屏幕上显示出"确认"字样。用这个键去响应新的火警或故障信号。当按此键时,控制器将完成以下功能:

如果允许消音,对音响器消音。

事件存储到历史记录存储器里。

如果控制器联网了,把信息传送给网络。

有两种确认类型:即点和块。点确认功能用于火警确认:当确认键按下时,火警事件被确认,一次确认一个火警。块确认功能用于其他类型的非正常事件:按一下确认键,所有事件都被确认。

如果控制器报火警,操作人员应做如下处理:

①对控制器音响消音:按"确认"键,本地的音响器将消音,火警 LED 灯由闪烁状态变为常亮。控制器将这个确认信息显示在屏幕上,并同时传送给历史记录存储器、打印机和告警器。

②对编程为可消音的告警输出进行消音:按信号"消音"键。信号消音 LED 灯长亮。控制器把这个消音信息传送给历史记录存储器、打印机和告警器。

(2)消防电话的使用

1)操作说明

操作密码:系统默认一级用户密码 1111,二级用户密码 2222,三级用户密码 3333,三级用户密码级别最高。高级别用户密码可进入低级别用户密码的功能操作界面。操作密码输入后,可在本级及本级以下的按键操作时延时保留 1 min,即每次按键操作后在 1 min 内不用重新输入密码。

2)分机呼叫主机及相互通话

分机摘机,分机可听到回铃音,主机显示呼入的分机地址和总数,呼叫指示灯闪亮,主机发出断续声报警,按消音键可暂停声报警;主机摘机,听筒中听到回铃音,显示屏提示输入二级密码,输入密码后,显示屏提示输入分机地址,输入地址后,按"☎"键,显示屏显示通话地址及通话总数,呼叫灯灭,声报警停止,录音灯亮,分机指示灯亮,主机与分机通话,同时主机对通话内容录音。多部分机呼入呼出或通话时,显示屏滚动显示分机地址,按方向键可快速查找分机地址。

3)主机挂断分机

主机与分机通话中,直接键入要挂断的分机地址,按"☎"键,显示屏左上角出现挂断符号,正在显示该分机通话地址消失;若无其他通话和呼入呼出时,主机听筒可听到等待音,显示屏提示请挂机;被挂断分机听筒可听到忙音;若分机不挂机达 1 min 时,分机会自动呼叫主机。

4)分机挂断主机

主机与分机通话中,分机挂机;主机显示屏左上角出现挂断符号,正在显示该分机通话地址消失;若无其他通话和呼入呼出时,主机听筒可听到忙音,显示屏提示请挂机。

5)主机呼叫分机及相互通话

主机摘机,听筒中听到等待音,显示屏提示输入二级密码,输入密码后,提示输入分机地址,输入地址后,按"📞"键,显示屏显示呼出地址及呼出总数;被呼叫分机振铃,显示灯间隔 4 s 闪亮 1 次,若被呼叫的是插孔,则仅显示灯闪亮;分机摘机,主机显示屏转为显示通话地址和总数,主机与分机通话。可听到回铃音。

(四)气体灭火系统使用

(1)正常状态

气灭系统工作正常,无火灾发生。

(2)异常状态

气灭系统工作正常,有火灾发生。

(3)作业人员进入气体保护区

1)正常状态下气灭系统使用说明

①车站车控室、车辆段消防控制室内 FAS 主机手/自动转换按钮由客运人员、安保人员确保处于手动位置(FAS 主机自动联动状态工作指示灯熄灭)。

②气瓶间钢瓶控制盘手/自动转换按钮由 FAS 及气灭专业人员确保处于自动位置,严禁其他作业人员操作。

③作业人员进行作业时,无需将气瓶间内对应气体保护区钢瓶控制盘手/自动转换按钮切换到手动位置。

④作业人员进入气灭保护区时,必须将保护区门体常开,不得关闭,离开气灭保护区时,确认房间内无人,将门锁闭。

2)异常状态下气灭系统使用说明

①FAS 工作站或 FAS 主机产生火灾报警,作业人员进行现场火灾确认。

②确认为火灾误报警,作业人员进行消音处理后向环调报告故障。

③气灭保护区发生可控制火灾时由作业人员进行灭火处理。

④气灭保护区发生不可控制火灾时先确认保护区内无作业人员,门体锁闭;后由 FAS 主机操作人员将手/自动转换按钮切换到自动位置,按压火灾确认按钮,气灭系统将启动喷洒。

(4)异常状态下气灭系统故障时使用说明

1)若自动状态下,气灭系统未启动喷洒,由客运人员、安保人员前往气灭保护区,按压保护区外墙体上的紧急启动按钮,气灭系统将启动喷洒。

2)完成操作后,气灭系统未启动喷洒,由客运人员、安保人员前往气瓶间,根据标示找到相应气灭保护区的启动钢瓶,拉动启动钢瓶的应急机械启动手柄打开启动钢瓶,气灭系统将启动喷洒。否则手动打开相应保护区的选择阀,根据气瓶间展板所述内容打开相应编号药剂钢瓶的瓶头阀,释放气体剂进行灭火。

2.4.6 AFC 设备操作管理

(一)SC 操作管理

(1)SC 监控站的操作管理

1)车站值班员及以上人员与 AFC 维修人员可在车站 SC 上进行操作或查询。

2)正常情况下,SC 应全日开启。在运营开始前,由行车值班员负责在 SC 登录后确认车站级设备是否开启并处于正常服务模式。

3)运营过程中实时监测车站各种设备的状态,当设备出现故障或报警状态时,给出报警信息后,行车值班员应及时确认报警设备号和报警原因,根据不同原因安排处理。

4)每日运营结束,车站所有 TVM 结账操作完成后,客运值班员需将车站所有 TVM 设置为退出服务状态。

(2)SC 票务工作站的班次结算

每班售票员结账时,必须在 SC 上进行班次结算。当班客运值班员须登录 SC,选择本班上岗的售票员进行班次结算。

(二)TVM 操作管理

(1)补充单程票的规定

1)补票时间

①每日运营开始前或运营过程中,在 SC 上查询 TVM 车票数量,判断票箱将空时。

②运营期间,在 TVM 显示屏上显示"车票不足"相关信息时。

③票务部票务室规定的盘点日次日。

2)操作要求

①TVM 的补票工作由客运值班员负责。

②补票的具体操作按《车站 AFC 设备操作手册》要求进行。

③TVM 打印小单,由车站留存,客运部根据实际情况组织统一回收、销毁。

(2)补充找零硬币的规定

1)补充找零硬币时间

①每天运营前两个小时。

②运营期间,当 SC 上 TVM 设备状态显示找零硬币器将空。

③运营期间,在 TVM 显示屏上显示"硬币不足"相关信息时。

2)操作要求

①客运值班员和值班站长在车站票务管理室监控状态下可监控范围内对硬币进行清点,并装入硬币补币箱。运营期间,每台 TVM 的补充硬币数量可根据客流情况确定,但必

须为 100 的整数倍。

②客运值班员与值班站长共同将硬币补币箱装入 TVM 完成补币工作。补币的具体操作按《车站 AFC 设备操作手册》要求进行。

③TVM 打印小单,按顺序装订完好后随当日报表上交。

(3)补充找零纸币的规定

1)补充找零纸币时间

①每天运营开始前两个小时。

②运营期间,当 SC 上 TVM 设备状态显示找零纸币器空。

③运营期间,在 TVM 显示屏上显示"纸币不足"相关信息时。

2)操作要求

①车站将用于补充找零的 5 元纸币清点到纸币补币箱。运营期间,每台 TVM 的补充纸币数量可根据客流情况确定,但必须为 100 的整数倍。

②客运值班员和值班站长应在车站票务管理室监控状态下可监控范围内对纸币进行清点,并进行补币。

③由客运值班员与值班站长共同负责补币。补币的具体操作按《车站 AFC 设备操作手册》要求进行。

④TVM 打印小单,按顺序装订完好随当日报表上交。

(4)更换钱箱的规定

1)更换时间

①通过 SC 查询 TVM 钱箱将满时。

②运营期间,在 TVM 乘客显示屏显示钱箱将满的信息时。

③结合本站具体情况制定的固定时间(尽量降低隔夜票款)。

④运营结束后,报表打印前完成所有投入服务 TVM 的结账列印(包括二次结账列印)时。

2)操作要求

①客运值班员和一名站务人员同时负责钱箱更换工作,并双人共同确认纸币压钞区及压钞区周围是否留存现金。更换完毕后立即将钱箱送回车站票务管理室。

②更换钱箱的具体操作按照《车站 AFC 设备操作手册》进行。

3)AFC 维修人员在清理 TVM 遗留硬币时的操作:维修人员在使用人工方式处理完毕无硬币清出时,无须在票务报表上记录;有硬币清出时,在《TVM 手工清出记录表》上进行记录。

4)"TVM 打印小单",按顺序装订完好后随当日报表上交。

(5)钱箱清点规定

1)清点要求

①当班客运值班员和车站至少一名站务人员(站务员或以上级别人员)按"票务收益安全监控系统管理规定"要求共同进行钱箱的清点,并共同确认清点结果。监控仪系统故

障时,需由一名值班站长或以上级别人员和客运值班员双人/票务工作组双人清点钱箱,需在台账《TVM 钱箱清点报表》的"备注"栏注明此情况并及时报修。

②完成钱箱卸载后立即将钱箱送回票务管理室,同时将所有钱箱移出手推车,放入监控区域内。

③钱箱必须逐一清点,即纸币回收箱、纸币找零箱、硬币回收箱、硬币找零、废钞箱按种类一个清点完后再打开另一个进行清点。在清点过程中,当一个钱箱清点完毕后,点币机上的金额需经清点人员与客运值班员双人确认、清零之后再开启下一个钱箱;若钱箱出现差额则要求对相应钱箱进行再次清点。

④每清点一个钱箱前,站务人员需向客运值班员读报"钱箱编号",由客运值班员核对TVM 打印单据,每清点完成一个钱箱,在《TVM 钱箱清点记录表》对应栏记录金额。

⑤清点后将钱箱票款每 100 张同面额票款用扎钞机进行扎钞,不够 100 张的(散装票款),清点金额并保存。

⑥清点后将报表中记录的钱箱实点总金额与实点后的纸币总额(扎钞的金额+散装票款)进行核对,确保正确。钱箱金额出现差异无法找回时,需立即核查报表、单据、已清空钱箱等,查看是否有遗漏情况;若单据中有以下情况则需对 TVM 进行二次清空,并将二次清空打印单据上交:

- 《硬币钱箱清空单据》中<硬币钱箱清空后设置信息>"1 元补币箱"显示有残留硬币 $X(X>0)$ 枚。

- 《硬币钱箱清空单据》中<清理异常计数>"1 元补币箱、1 元循环箱"都显示有 $X(X>0)$ 枚。

以上操作完成后仍未找回差异金额时,车站在《TVM 钱箱清点记录表》中进行详细备注,并将此情况上报票务部调度。

⑦整个钱箱清点过程原则上要求清点人员不得离开票务管理室,确需离开时需将钱箱现金放置监控区域可视范围内,所有人员离开票务管理室,待返回后对之前清点的钱箱重新进行清点。

⑧钱箱清点时发现的非标准币,参照 4.9"车站清点现金时发现非标准币"中"如属于TVM 钱箱内部清点出的非标准币"的处理流程进行处理。

2)具体操作

①纸币回收箱、纸币找零箱清点时由另一名清点人员将现金取出后,由客运值班员确认钱箱已清空,再将钱箱锁闭并移出监控区域或放入手推车内,以便区分钱箱是否清空避免造成混淆。

②若清点硬币钱箱,点币前需检查点币机内有无遗留硬币(将点币机空转一次),若有则对遗留硬币进行清点。该硬币金额记入《车站营收日报表》其他栏中,并备注此金额为点币机内遗留。硬币钱箱清点时同样需逐一清点,每打开一个硬币钱箱需在点币机上放一个布袋(执行布袋、钱箱一对一清点),倒空硬币后需请值班员确认钱箱已清空,确认已清空钱箱锁闭后移出监控区域或放入手推车内。所有硬币钱箱清点完毕后由客运值班员

及另一名清点人员共同完成硬币归整加封操作,双人签章确认。

③客运值班员完成相应报表填写后交予清点人员进行复核,比对 TVM 打印单据及纸质报表,检查是否存在差异。

(三)BOM 操作管理

(1)每日运营开始前,由客运值班员负责检查 BOM 票箱和决定是否需要补充单程票。若在运营过程中若发现 BOM 票箱将空,则由售票员通知客运值班员进行补票。

(2)BOM 营业需要领用的车站票务中心钥匙与行车值班员办理借还登记手续,备品与登记客运值班员办理借还手续。

(3)售票员在确认设备正常后,按《车站 AFC 设备操作手册》办理车票分析、更新、发售、充值、交易查询等业务。

(4)售票员之间换岗时,必须在 BOM 上办理注销和登录操作。

(5)每月,在票务部回收设备废票前一日运营结束后,由客运值班员清理 BOM 废票并用票务专用信封加封。

(四)AGM 操作管理

(1)票箱更换

1)更换时间

①出闸机票箱将满时。

②出闸机票箱已满时。

③车站盘点时。

2)操作要求

平日 AGM 票箱满后更换完后,放在票务管理室内,可以用于 TVM、BOM 票箱空后的置换。每月 25 日运营结束后,车站须在盘点日次日开站前 1 h 内完成所有闸机票箱的更换工作。更换票箱的具体操作按照《车站 AFC 设备操作手册》进行。

(2)票箱清点

1)更换的票箱运回车站票务管理室,由站务员清点票箱,客运值班员负责监督。

2)站务员逐个打开票箱,清点车票。清点完后,以整数倍放到票盒里,不够整数倍的散票放入专门的票柜。

2.4.7 场段计算机联锁设备

(一)计算机联锁操作台基本常识

(1)信号机显示

列车信号机关闭状态显示红色图形,开放时显示与室外一致的颜色。调车信号机关闭状态显示蓝色图形(有些为红色图形),开放时显示白色图形。信号机的名称用拼音字母表示。信号机名称是否显示受"显示信号名"按钮控制。信号机发生灯丝断丝时,除有灯丝断丝报警外,相应信号机灯禁止信号灯光闪光,信号机名称也要显示。排列进路时,点击信号按钮,显示按钮名称并闪光,进路锁闭后按钮名称消失。

(2)轨道区段显示

轨道区段解锁状态显示为蓝色光带,区段锁闭显示白色光带,区段占用显示红色光带。无岔区段名称固定显示在轨道线段附近。

(3)道岔显示

道岔用与所在轨道区段颜色相同的线段表示当前开通位置。

道岔名称用道岔号的数字表示,可重复点击"道岔名"按钮调出显示或消除显示。道岔在定位时,道岔名显示绿色。道岔在反位时,道岔名显示黄色。道岔发生挤岔故障时,道岔名显示红色并闪光。道岔锁闭时,在道岔岔尖处显示一个圆圈。道岔解锁后圆圈消失。当道岔锁闭在定位,圆圈为绿色;道岔锁闭在反位,圆圈为黄色;道岔锁闭在四开,道岔显示为红色闪烁。道岔封闭在定位时,道岔名称上显示一个绿色方框;道岔封闭在反位时,道岔名称上显示一个黄色方框。道岔解封后,方框消失。

(4)按钮封闭显示

列车按钮封闭后,其信号机红灯外方显示一个黄色方框;调车按钮封闭后,其调车信号名称显示为红色。对于出站信号机,无论封闭列车按钮还是封闭调车按钮,其信号机红灯外方及调车信号按钮外方均显示一个黄色方框。

(5)铅封按钮的计数显示

铅封按钮的操作次数由控显机自动累计计数。计数值不能被维护人员人工消除或修改。计数值平时不显示,点击按钮《站场操作》,点击按钮命令《破封统计》按钮(见图2-65),可在屏幕显示铅封按钮的计数显示。

计数器图形如图2-66所示。

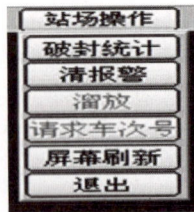

图 2-65　铅封统计　　　　图 2-66　破封统计表

(6)操作报警和提示(见图2-67)

图 2-67　操作报警和提示

图形显示器屏幕的左下方,有操作提示显示区,显示当前办理的作业。后来的操作提示覆盖先前的操作提示。

(7)破铅封功能显示

使用鼠标操作铅封按钮时,需要首先点击铅封按钮,屏幕上弹出一个白色方框,方框中显示红色的需破封按钮的名称。值班员确认按钮名称正确,输入正确的密码(888)后,点击确认按钮,破铅封操作完成,然后进行相应的操作即可生效,如图2-68所示。如果不想进行破封操作,可用鼠标左键点击破封框上取消按钮,以取消前一次的操作,使屏幕上该破封框消失。铅封按钮完成一次破铅封操作后,自动恢复铅封状态(即操作一次有效)。下次操作必须重复上述破铅封过程。系统对铅封按钮的破封操作自动累计操作次数。

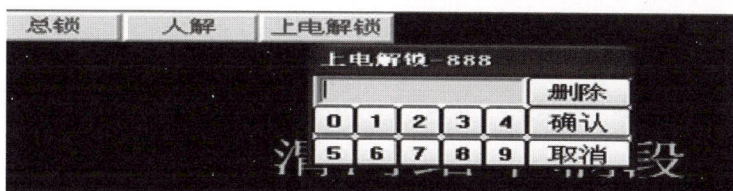

图 2-68　破铅封功能显示

(二)具体按钮名称和作用

(1)总定、总反,用于单独操纵道岔。

(2)单锁、单解,用于对道岔进行单独锁闭和单独解锁操作。道岔单独锁闭后可以排列经过该道岔所在位置的进路,但是不能动作该道岔。

(3)岔封、岔解,在施工、维修等情况下对道岔进行单独封锁/解封操作。道岔封锁后不能再排列经过此道岔所在位置的进路,但是可以单操该道岔。

(4)钮封、钮解,用于对信号按钮进行封闭/解封操作。信号按钮闭锁后不能排列以此信号为始终端的进路。

(5)取消、人解,用于取消进路和人工解锁进路。

(6)总锁,用于道岔总锁闭操作。

(7)区解,用于区段事故解锁。

(8)上电解锁,联锁系统在重新加电时,系统处于上电锁闭状态,此时值班员不能对系统进行信号操作,需要值班员首先对系统进行上电解锁,解锁后方可进行操作。

(9)自动进路按钮,自动进路按钮用于办理自动进路,自动进路按钮为二位非自复按钮,按下自动进路按钮后为自动进路状态,抬起自动进路按钮则取消自动进路状态。每个自动进路按钮各设一个自动进路表示灯,显示状态有,白灯:自动进路,灭灯:取消自动进路,白闪:自动进路选路办理中。

(三)计算机联锁设备的基本操作

(1)排列进路:排列一般进路,顺序点击进路的始端信号按钮和终端信号按钮。排列变更进路,顺序点击始端信号按钮、变更按钮和终端信号按钮。

操作过程:鼠标移动到要排列的进路始端信号机灯信号按钮上,当光标变成小手形状时点击左键。按压按钮后,信号机名闪烁。按照以上方法完成对进路始端信号按钮、终端按钮的操作,即可完成进路排列。

(2)取消进路:本操作方法适用于取消列车进路(包括基本进路、长列车进路)。

操作过程:鼠标移动到"取消"功能按钮上,光标会变成小手状,点击鼠标左键,"取消"功能按钮会处于按下状态并且开始10 s延时。在延时期间移动鼠标到取消进路的始端信号机按钮处,光标会变成小手状,点击鼠标左键,完成进路取消操作。

(3)人工解锁进路:本操作方法同时适用于列车进路。

操作过程:鼠标移动到"人解"功能按钮上,光标会变成小手状,点击鼠标左键将弹出密码确认框,确认密码后"人解"功能按钮会处于按下状态并且开始10 s延时。在延时期间移动鼠标到人解进路的始端信号机名称(用于人解列车进路)上,光标会变成小手状,点击鼠标左键,完成进路人解操作。在总人解按钮按下后10 s之内,没有点击进路的始端信号按钮,总人解按钮自动恢复抬起状态。

(4)重开信号:信号因故关闭,但开放条件仍然满足,可以通过点击进路始端按钮完成信号重开。

操作过程:鼠标移动到要排列的进路的始端信号机灯上,当光标变成小手形状时点击左键,完成重开操作。

(5)道岔操作

1)道岔单独操作:首先点击道岔"总定"或道岔"总反"按钮,在其10 s延时时间内点击需要操纵的道岔按钮,完成道岔单操定位或反位的操作。在10 s延时时间内点击道岔按钮后,命令生效,道岔单操按钮随之抬起。超过10 s不点击道岔按钮,总定或总反按钮自动抬起,再点击道岔按钮无效。因此点击一次道岔单操按钮只能操纵一个道岔。移动鼠标到功能按钮"总定"或"总反"按钮上,当光标变成小手状时点击鼠标左键,"总定"或"总反"按钮会处于按下状态并且开始10 s延时。在延时期间移动鼠标到待单操的道岔名称上,当光标变成小手状时点击鼠标左键,完成道岔单操操作。

2)道岔封闭或解封:首先点击"岔封"或"岔解"按钮,在10 s延时时间内点击道岔按钮,完成道岔封闭或解封的操作。在10 s延时时间内点击道岔按钮后,命令生效,道岔封闭或道岔解封按钮随之抬起。超过10 s不点击道岔按钮,"岔封"或"岔解"按钮自动抬起,再点击道岔按钮无效。因此点击一次道岔封闭或道岔解封按钮只能封闭或解封一个道岔。

3)道岔单独锁闭或单独解锁:首先点击"单锁"或"单解"按钮,在10 s延时时间内点击道岔按钮,完成道岔单锁或单解的操作。在10 s延时时间内点击道岔按钮后,命令生效,道岔单锁或道岔单解按钮随之抬起。超过10 s不点击道岔按钮,"单锁"或"单解"按钮自动抬起,再点击道岔按钮无效。因此点击一次道岔单锁或道岔单解按钮只能单锁或单解一个道岔。移动鼠标到功能按钮"单锁"按钮上,当光标变成小手状时点击鼠标左键,单锁按钮会处于按下状态并且开始10 s延时。在延时期间移动鼠标到待单锁的道岔名称上,当光标变成小手状时点击鼠标左键,完成道岔单锁操作。

4)道岔单解:移动鼠标到功能按钮"单解"按钮上,当光标变成小手状时点击鼠标左键,单解按钮会处于按下状态并且开始10 s延时。在延时期间移动鼠标到待单解的道岔名称上,当光标变成小手状时点击鼠标左键,完成道岔单解操作。

(6)区段事故解锁(区解):计算机联锁系统不设区段事故解锁盘。在屏幕的上方设区段事故解锁按钮。移动鼠标到按钮区"区解"(区段事故解锁)按钮上,当光标变成小手状时点击鼠标左键,将弹出破封密码确认框。确认后"区解"会处于按下状态并且开始 10 s 延时。在延时期间移动鼠标到待区解的区段名称上,当光标变成小手状时点击鼠标左键,完成区故解操作。

注意:为安全起见,信号开放且列车接近后,如因故信号故障关闭,自信号故障关闭起,信号机需 45 s 延时后,进行区段事故解锁操作方可生效。如在延时期间内进行区段事故解锁操作,操作无效,显示器上同时显示事故解锁延时操作剩余等待时间。

(7)按钮封闭(钮封)和按钮解锁(钮解):为了防止误操作,可以采取对信号机进行戴帽处理,来完成对信号机按钮的封锁。移动鼠标到功能按钮区"钮封"按钮上,当光标变成小手状时点击鼠标左键,钮封按钮按下并开始 10 s 延时。在延时时间内移动鼠标到待钮封的信号机名称上,当光标变成小手状时点击鼠标左键。此后除了"钮解"操作,其他对该信号机按钮的操作都将失效,完成钮封操作。同理点击"钮解"按钮,完成解封操作,信号机操作和显示都恢复原样。点击一次信号封闭或信号解封按钮只能封闭或解封一架信号机的信号按钮。

各车辆段(场)计算机联锁设备不同,应根据各车辆段(场)的计算机联锁设备的具体操作说明方法进行操作。

任务 2.5　施工管理

2.5.1　施工计划的分类

(一)按时间分类

(1)月计划:属于正常修程内的 A1、A2、A3、B1、B2、C1 类作业应纳入月计划。月计划应结合运营分公司月度设备检修计划编制。

(2)日补充计划:对在月计划里未列入的进行补充或月计划中需调整变更 A1、A2、A3、B1、B2、C1 类作业的计划,称为日补充计划。

(3)临时补修计划:遇影响行车的设备故障或发现其他危险因素,须在停运后对设备进行维修或排查危险的 A1、A2、A3、B1、B2、C1 类作业的计划为临时补修计划。

(二)按施工作业地点和性质分类

(1)影响正线、辅助线行车的施工为 A 类,其中开行工程列车、电客车的施工为 A1 类,不开行工程列车、电客车的施工、出入段线地面部分接触网支柱外侧 2 m(接触网支柱外侧附加悬挂外 2 m,有下锚拉线地段时在下锚拉线外 2 m)范围为 A2 类,车站、主所、控制中心(以下称 OCC)范围内影响行车设备设施的作业为 A3 类。

（2）在车辆段(场)的施工为 B 类(出入段线地面部分线路限界外 3 m 以内除外)，其中开行电客车、工程列车的施工(不含车辆部电客车、工程列车的检修作业)为 B1 类，不开行电客车、工程列车但在车辆段(场)线路限界内、影响接触网停电、在车辆段(场)线路限界外 3 m 内搭建相关设施及影响车辆段(场)行车的施工为 B2 类，车辆段(场)内除 B1、B2以外其他影响行车设备设施的施工为 B3 类。B3 类施工主要包括供电、通信、信号、机电等与行车有关设备的检修或影响与行车有关设备的作业。

（3）在车站、主所、OCC 行车设备区范围内不影响行车的施工为 C 类，其中大面积影响客运、消防设备正常使用，需动用 220 V 以上电力及其需动火的作业(含外单位进入变电所、通信设备房、信号设备房、环控电控室、照明配电室、蓄电池室、水泵房、其他气体灭火保护房内作业)为 C1 类，其他局部影响客运，但经采取措施影响不大且动用简单设备设施(如动用 220 V 及以下的电力、钻孔等，不违反安全规定)的施工为 C2 类。

（三）其他施工

车辆段、OCC、车站，完全不影响正常运营的外单位作业，如在车辆段(停车场)内绿化、道路整改、安装 TVM、检修线、洗车线库内车辆工艺设备检修以及生活、办公区等与行车无关的施工、车站保洁、张贴宣传单等，按部门职责明确施工管理，由设备专业归属部门进行管理，属地部门配合，外单位无须按照《行车设备施工检修管理办法》办理施工作业手续，由对应接口部门书面通知属地管理部门配合作业即可，如无法确定属地管理部门的由施工协调领导小组指定。

2.5.2 施工安全、技术管理规定

（一）施工负责人规定

每项属于 A 类、B 类、C 类(B3、C2 类除外)作业需设立 1 名施工负责人，辅站另设施工责任人，两者须经过培训后取得运营施工培训合格证，并实行持证上岗制度，分公司内部部门施工可不需要运营施工培训合格证。属于 B3、C2 类的作业，不需设立施工负责人，但必须指定 1 名人员负责施工及施工安全管理。

（二）施工防护规定

（1）接触网区域作业的规定

在接触网区域作业时，离接触网 1~2 m 内，必须申请接触网停电，离接触网 1 m 以内，必须申请接触网停电挂地线。正线、车辆段、停车场的接触网停电作业，根据现场情况可多停相邻供电分区，作业人员需自行做好防护。涉及的联络线区域内接触网停电作业，需对所连接的不同线路供电分区分别进行停电。接触网停电检修或需接触网停电挂地线时，必须由具备接触网挂地线资质的人员负责在该作业地段来电方向侧挂接地线。

（2）关于红闪灯的设置

1）封锁区域内的动车施工，在作业区域和防护区域两端的车站端墙对应轨道设置红闪灯，如作业区域含尽头站折返线、存车线或出入段(场)线，则在折返线、存车线或出入段

（场）线一端不设红闪灯。

2）封锁区域内的非动车施工，在作业区域两端的车站端墙对应轨道设置红闪灯，如作业区域一端为尽头站折返线或存车线，则在折返线或存车线一端不设置红闪灯，如作业区域一端为出入段（场）线，则在出入段（场）线一端由作业单位设置红闪灯。

3）既有动车施工也有非动车施工时：动车施工设置红闪灯，非动车作业不设红闪灯，如非动车作业区域对应的临线有动车作业，需在与本线连接的辅助线设置红闪灯，红闪灯设置在距道岔 5 m 外。

4）当日没有动车施工时，可不设红闪灯。

5）在车站端墙处设置的红闪灯由车站设置，在其他地方的红闪灯由施工部门设置，红闪灯应设置于对应的轨道上。按照"谁设置谁撤除"的原则，施工前，由请点车站设置或通知作业区域（含防护区域）两端车站值班员设置红闪灯防护。施工结束后，由销点车站撤除红闪灯或通知作业区域（含防护区域）两端车站值班员撤除红闪灯。施工部门按要求进入作业区域后设置红闪灯，出清作业区域前撤除红闪灯。车站值班人员安排人员到站台检查相关端墙处红闪灯是否按规定摆放，并监督红闪灯状态是否良好，并对设置的红闪灯是否按规定摆放、状态是否良好进行不定期检查。

（3）车辆段（场）内的设备检修施工和防护的有关规定按所在车辆段（场）运作规定执行。

（4）施工作业时除严格执行以上规定及相关安全防护规定外，并按施工部门的有关施工操作程序的防护规定执行。

（5）凡在运营时间内进行作业的，必须做好防护措施，确保地铁乘客的安全，最大限度减少对乘客的影响。

（6）为保证施工作业安全，下列情况应将线路封锁并限定施工时间：

1）工程车或调试电客车在一个区段或全线多次往返运行。

2）工程车在相应区段作业（不含加开运行一圈）。

3）对于更换钢轨、接触网、隧道维修等大型施工项目，在作业区域内只准有一项施工作业进行，无论有无工程车开行，均须将所占用线路封锁。

（三）施工安全

（1）人、工程车在同一区域作业时，由施工负责人与车长（司机）根据现场情况协调。

1）按施工前进方向，列车在前，人员在后，原则上不得颠倒或列车运行前后皆有作业。

2）非随车施工人员与列车应有 50 m 以上的安全间隔距离，原则上列车不得后退；如需后退时，须施工负责人和车长（司机）协商后才能动车确保人身安全。

（2）开行工程车、调试列车的有关防护

1）组织工程车运行时，在工程车运行的到达站前方，必须保证至少有一个站间区间空闲。

2）在开行工程车或电客车进行作业的封锁作业区域前后方，必须保证至少有一个站间区间空闲。

3）车辆段/停车场进行的工程车、电客车作业按照车辆段/停车场运作手册执行。

（3）原则上两个封锁作业区不能共用同一个防护区段，且电客车调试作业区域及其防护区域接触网必须带电。

（4）电客车调试作业区段与接触网停电作业的作业区段之间，应至少保证隔开一个供电分区。

（5）凡进入线路施工的施工作业人员必须按要求穿荧光衣或有荧光条的工作服，并根据作业性质及作业要求使用其他安全防护用品。

（6）施工作业过程中如要进行动火作业，必须按照《消防安全管理制度》办理动火令，严禁在无动火令的情况下进行动火作业。

（7）外单位施工由主配合部门负责安全管理、安全监督。

（8）各施工单位、部门在申报施工计划时应严格按照《运营事故（事件）处理规则》等安全规章中的相关规定，结合施工作业过程中的实际情况，提出安全防护要求和配合要求。在施工作业过程中，施工单位、部门应严格遵守以上安全规定和《施工行车通告》中的要求。

（四）施工作业中车站人员、配合人员的职责

（1）车站人员的职责

1）负责查验施工作业人员和施工负责人/责任人的相关证件。

2）负责办理施工作业登记申请和销点手续。

3）负责在站台端墙处线路设置和撤销区间作业的施工防护。

4）负责为下线路施工作业人员开启屏蔽门、端墙门，并将施工作业人员带到相应的端墙门。

5）负责监督施工负责人和配合人员清点进出作业区域的施工作业人员。

6）负责监督车站施工作业安全。

7）负责与施工负责人、配合人员联系确认施工区域线路出清。

（2）配合人员的职责

1）协助外单位办理施工请销点，检查外单位人员施工防护、劳动保护情况。

2）负责清点进出作业区域的施工作业人员。

3）负责监督外单位的施工作业安全。

4）负责检查外单位人员、物品（工器具、材料、施工垃圾等）出清线路，并向车站反馈。

5）检查、确认施工所动用的运营设备恢复到正常使用状态，并向车站反馈。

6）检查监督所配合作业的外单位人员，如发现外单位人员有严重违章或危及行车设备及人身安全时，有权停止其作业。

（五）风室、风道相关检修作业的规定

运营期间只能进行风道、风室的设备巡视工作，所有检修、维修工作一律安排在运营结束后进行。

（六）道岔区域作业相关规定

（1）施工作业需转换道岔时，要做好现场安全防护，加强联系，施工部门在被操作道岔作业现场设置防护人员，现场防护人员确认所有作业人员撤离至安全地点后，方可通知车

控室(信号楼)转换道岔。施工作业结束前,需测试检查道岔功能正常后方可销点。

(2)施工人员在作业中推车等设备需要经过道岔或需在岔区上停留作业时,应提前与车站联系防止误操作道岔,经过岔区或在岔区上停留作业结束后及时通知车站。

(七)外单位进场施工安全管理

(1)施工安全

1)施工时严格执行施工方案中规定的安全措施。

2)进场施工时,必须持运营施工培训合格证和施工进场凭证到 OCC/车站或车辆段(场)调度处办理请点手续,办理请点手续时,必须由指定的施工主配合部门人员协助办理(技术方案审核单中注明不需要配合的除外)。未经批准,严禁擅自进入设备区、轨行区和区间风亭(井),严禁擅自通过区间风亭(井)进入轨行区,严禁擅自通过地面线进入轨行区。

3)施工前,施工负责人必须对全体施工人员进行安全技术培训,加强施工安全的监管,确保施工、登高、动火、用电等作业过程不出任何人身或设备安全事故。

4)施工前,运营分公司配合人员与外单位进行安全交底,配合人员要加强施工监督,发现不符合规定的情况应及时提出,发现危及安全的情况立即制止。施工人员必须听从运营分公司现场配合人员和车站值班人员的监督指挥,配合人员和车站值班人员有权终止违章作业。

5)严格按《施工行车通告》或《外单位施工作业许可单》的作业地点、作业时间和作业内容进行施工,作业人员不得超出规定作业区域作业,严禁超出所挂地线的保护区域,杜绝无故延长作业时间现象。

6)特种作业人员应按规定持相关操作证,严禁无证违章作业。

7)作业人员按规定穿戴劳动防护用品。

8)施工用的材料、机具,不得遗留或侵入运营线路和设备限界,要保证在线路出清后,才能拆除施工防护。

9)施工结束后,要及时恢复现场设备设施,做到"工清场地清",施工负责人负责线路出清,以防遗留物品,主配合部门配合人员负责监督检查出清情况。

10)施工过程中,施工负责人发现其他安全问题、隐患,应及时向现场配合人员或车站/车辆段(场)调度员报告。无法确认是否与本施工有关的,要采取有效措施,及时处理;与本施工无关的,也要配合现场处理。

(2)消防安全

1)作业需现场动火(明火、电焊、风焊等),必须办理动火凭证,操作人员必须持相应操作证,并按要求配备灭火器材,严禁在动火区堆放易燃物品,无法搬走的要采取隔离等安全措施,以防发生意外。

2)工地如需搭建工棚(房),须报运营分公司批准,并做好工棚(房)的灭火器材配置等安全措施。

3)需要接临时用电时,应向运营分公司技术部提出申请,严禁擅自乱拉电线。

4)每天完工后应切断所使用的电源、关闭水源、关好门窗、清除垃圾。

5）文明施工，严禁在非吸烟区吸烟。

6）选用的施工材料应符合国家标准，应具有防火、防腐蚀、环保功能，使用前需经运营分公司主配合部门确认。

2.5.3　施工组织

（一）施工作业的批准

（1）A 类施工作业，须经行调批准，方可进行；影响出入段线、车辆段（场）线行车的施工，行调须通知车辆段（场）调度员知会。

（2）C 类施工作业，运营分公司内部的施工项目经车站批准方可施工，外部单位施工作业按《外单位施工作业管理流程》进行，经车站批准方可施工。

（二）施工人员进出场规定

（1）施工负责人持施工进场凭证在规定施工开始时间前 30 min 到达主站；施工责任人及维修人员在作业令规定施工开始时间前 15 min 到达辅站和相关车站；按规定程序办理施工作业手续。

（2）遇特殊情况运营分公司内各部门施工人员需在收车后到达车站的，施工负责人须提前与车站预约，说明原因并确定进站时间与进站口，车站做好记录。车站根据预约时间在本站约定的出入口负责检查工作证后再放行。

（3）外单位的施工作业人员进出车站须提前与车站当值人员联系，并于关站前 10 min 进站。特殊情况确需关站后进入的应事先与车站预约，说明原因并确定进站时间，车站做好记录。车站根据预约的时间在本站指定的出入口，查验运营施工培训合格证、施工进场凭证或《外单位施工作业许可单》（属于 B3、C2 类作业）后开门放行。

（三）非运营时间的设备检修施工

（1）每日运营结束后，作业部门按计划对各设备系统进行检修作业，并应于规定时间内完成对运行线路巡道和施工线路出清程序。

（2）在两站之间正线线路作业需要开行工程列车时，由行调指定的车站值班员负责掌握施工情况，监督施工安全。

（3）在正线及辅助线施工开始前，施工负责人应进行施工登记，经行调批准后。车站签字确认，通知施工负责人设置防护信号后，并送维修施工人员到站台端墙，确保施工人员进入正确的施工区域。

（4）施工结束后，施工负责人负责线路出清、人员撤离现场，施工负责人经检查确认撤除防护后，办理注销施工登记手续，车站向行调销点。

（四）请点规定

（1）属于 A 类的作业，施工负责人在作业令规定施工开始时间前 30 min 到车站，经车站检查身份证件、运营施工培训合格证（外单位需办理）合格后，填写相关作业信息并验证施工密码，由车站确认条件满足后向行调申报请点，行调经过审核，确认条件满足后方可批准。车站值班员传达允许施工的命令，请点生效，可以施工。

（2）属于 A 类作业，但需由多个车站进入施工的作业项目，施工负责人除到主站按 10.5.1 办理外，还需核实辅站情况。辅站施工责任人在作业令规定施工开始时间前 15 min 到达辅站办理登记手续，辅站值班员检查身份证件（本单位使用工牌，外单位使用身份证）、运营施工培训合格证（外单位需办理）合格后向主站值班员核实施工事项并请点，主站判断条件满足后报行调请点，行调批准施工，主站传达给施工负责人及辅站，辅站值班员允许施工责任人开始该作业点的施工。

（3）属于 C1 类的作业，施工负责人持施工进场凭证、到车站、OCC 登记请点，经车站、OCC 审核、批准后方可进行；属于 C2 类的直接到车站、OCC 登记施工（外单位须持《外单位进场作业许可单》）。

（4）如遇作业区域同时包含出入段线和车辆段（场）线路时，施工部门到车辆段（场）调度员处请点，车辆段（场）调度员在审核批准该项施工作业后，还须向行调请点，征得同意后，方可允许施工部门开始施工。

（5）有外单位作业时，由指定的施主配合部门人员协助办理请点后，方可开始作业。

（6）在作业请点站（主站）请点，各部门可使用施工密码或《施工进场作业令》原件、复印件（含传真件），外单位必须使用施工密码或《施工进场作业令》原件；辅站登记可用施工密码或作业令复印件（或传真件）。

（7）属于 B3、C2 类作业及巡检作业车站值班员、车辆段调度不需审核施工计划，作业部门到车站、车辆段出示证件、登记即可允许作业，车站值班员、车辆段调度必须核实作业人员是否专业对口。

（8）对于信号设备房、通信设备房、变电所、变电设备房、综合监控设备房、低压配电室、通风空调电控室、照明配电室、屏蔽门控制室，非本专业人员进入，由专业人员配合并负责借钥匙。

（9）委外单位 FAS 专业或设施部 FAS 专业人员进入各设备房进行消防设备巡检时，出示有效证件后可直接登记借钥匙进行巡检，不需要配合。

（10）外单位在实施属于 B3、C2 类作业的施工时，必须按要求办理施工许可手续后，凭调度部签发的《外单位施工作业许可单》，并在主配合部门的协助下，方可到车辆段（场）/车站办理相关施工申请。

（11）在已经具备作业条件但还未到规定的作业开始时间时，A 类作业车站可根据施工负责人的要求，确认条件满足后向行调申报请点，行调经过审核，确认条件满足后方可批准；B 类作业车辆段/停车场调度确认条件满足后方可批准；C 类作业车站确认条件满足后方可批准。

（五）销点规定

（1）A 类作业，施工作业地点仅一个站的，施工负责人在施工区域出清完毕后，报车站，由车站向行调销点。

（2）B、C 类作业施工完毕后，施工负责人负责施工区域出清后到车辆段（场）、车站或 OCC 销点。

（3）施工负责人在施工区域出清完毕后，向车辆段（场）销点，车辆段（场）在办理销点手续时必须同时向行调办理销点。

（4）当多站销点时，辅站施工责任人负责本段线路出清并报施工负责人后，在辅站销点；辅站值班员向主站值班员销点；施工负责人负责该项作业区域全部出清后，方可报主站值班员销点，主站值班员向行调销点。

（5）需异地销点的施工作业，施工负责人（责任人）应在车站登记时注明异地销点的地点、人数，登记进入施工的车站要及时通知异地销点的车站值班员。

（6）当施工作业只有一组人员进行作业，需异地销点的，销点的时间不得超过《施工行车通告》中规定的结束时间，作业结束后，施工负责人向销点站登记销点，销点站经与施工负责人核对销点的施工负责人有效证件、姓名、作业代码、施工内容、施工人数、地点全部无误（纸质版请销点还须和请点站核对无误后），准予销点；销点站负责向行调报告销点。

（7）当施工作业有多组人员进行，需异地销点的，销点的时间不得超过《施工行车通告》中规定的结束时间。作业结束后，施工责任人负责本段线路出清报施工负责人，并在辅站销点，辅站值班员向主站登记的销点站的值班员销点；施工负责人负责该项作业区域全部出清后统一向在主站登记的销点站登记销点，销点站经与施工负责人核对销点的施工负责人有效证件、姓名、作业代码、施工内容、施工人数、地点全部无误（纸质版请销点还须和请点站核对无误后），准予销点；销点站并负责向行调报告销点。

（8）延迟销点规定

1）所有施工，遇特殊情况需延长施工作业时间时，施工负责人应在计划结束前 30 min 向行调/车辆段（场）调度员请示，得到行调/车辆段（场）调度员同意后方可延长（车辆段（场）影响正线行车的施工还应征得行车调度的同意）。

2）特殊情况无法在计划结束前 30 min 办理延点，施工部门提出延点申请的，行调视情况给予延迟销点时间。

3）如延点时间已到，设备仍然无法恢复正常时，暂不办理销点，如设备通过采取措施能够先恢复行车条件的，由施工负责人通过车站向行调告知具备行车条件和需要注意的事项，行调组织行车，专业人员按行调要求可继续处理故障。如无法恢复行车条件的，按故障处理由维调组织抢修，行调按照相应应急情况组织行车。

A 类作业施工人员进、出站及请、销点作业程序见表 2-6。

表 2-6　A 类作业施工人员进、出站及请、销点作业程序

序号	作业程序
1	施工负责人及施工人员凭身份证件进车站
2	施工负责人向值班员填报人数，办理施工登记手续；多站请点的，主站施工负责人及辅站施工责任人向主站或辅站值班员填报人数，办理施工登记手续，辅站值班员要向主站汇报，由主站统一负责请点
3	车站值班员据施工负责人提出的施工申请及所报人数，检查相关证件办理施工登记手续，并按有关规定办理请点
4	行调根据车站请点情况审批

序号	作业程序
5	值班员通知值班站长及相关车站设置防护
6	值班站长根据施工要求设置防护
7	施工负责人根据施工要求设置防护
8	开始施工
9	施工结束后,施工负责人清点人数,出清线路,撤除防护措施,到车控室办理销点手续;多站销点的,主站施工负责人及辅站施工责任人清点人数,出清线路,撤除防护措施,辅站施工责任人向主站施工负责人报线路出清,主站施工负责人向在主站登记的销点站车控室统一办理销点,同时施工负责人应在销点站进行书面登记
10	值班员按有关规定办理销点
11	行调根据车站销点要求审核,批准
12	车站值班员销点后通知保安人员,开出入口门送施工人员出站

(六)施工作业时间调整的要求

当日因特殊原因,施工作业时间需调整时,施工管理人员或值班主任通知作业部门或主配合部门,由该部门通知施工作业人员。

(七)接触网作业或需接触网停电挂地线的作业规定

(1)接触网停电自挂地线作业时,按以下程序执行:

1)施工作业的施工负责人到相关车站登记请点。

2)线路列车出清后,行调通知电调停电。

3)行调接到电调已停电的通知,向车站发布停电通知,车站接到停电通知后向行调请点,行调确认施工条件满足,批准请点。

4)车站接到行调的批准,做好安全防护后方可批准作业人员开始施工。

5)施工负责人向电调要令,电调确认具备条件后发布作业命令。

6)施工负责人组织验电挂地线并需确认挂好地线后,开始组织施工作业。

7)施工结束,地线拆除,作业人员出清施工现场,施工负责人向电调销令后向车站销点,车站报告行调销点,行调向电调确认地线撤除、线路出清后方可同意车站销点,车站通知施工人员离开。

8)行调确认可以送电,通知电调送电。

9)电调确认相应作业命令已消除再根据行调的要求送电。

(2)正线需接触网停电配合挂地线作业时,按下列程序执行:

1)施工负责人到相关车站登记请点。

2)线路列车出清后,行调通知电调停电。

3)行调接到电调已停电的通知,向车站发布停电通知。

4）车站接到停电的通知，向行调请点，行调确认条件满足准许车站请点。

5）车站接到行调的批准，做好安全防护后即可批准施工人员进场作业。

6）施工负责人通知配合挂地线人员验电、挂地线，配合挂地线负责人接到施工负责人通知后，向电调确认配合作业区段接触网已停电，方可验电、挂地线。

7）施工负责人得到配合挂地线人员确认地线已挂好的通知后方可开始施工，严禁未得到配合挂地线人员已挂好地线的通知前施工。

8）施工结束，施工负责人负责出清现场后通知配合拆地线人员拆地线，得到配合拆地线人员确认地线已拆除人员已出清的通知后方可向车站销点，施工负责人严禁未得到配合拆地线人员地线已拆除人员已出清的通知前向车站销点。

9）配合拆地线人员拆完地线，出清线路后立即向电调汇报配合××（作业代码）施工作业全部地线已拆除、人员已出清。

10）车站向行调销点，行调确认线路出清后方可同意车站销点。

11）行调确认可以送电，通知电调送电。

12）电调得知配合拆地线人员全部地线已拆除人员已出清后，再根据行调的要求送电，送电完成后通知行调接触网已送电。当行调要求送电 5 min 内配合拆地线人员未向电调汇报地线已拆除时，电调立即通知维调处理。

（八）有关配合作业的基本要求

（1）企业发展部进入各站通信设备房进行网络交换设备维护时，不需要通信专业配合。

（2）自动化车间专业人员和机电车间专业人员进入 0.4 kV 开关柜室日常检修、维护及自动化车间专业人员进入 35 kV 高压控制室进行电力监控设备检修、维护不需要供电专业配合；自动化车间专业人员进入进行环控柜和 UPS 柜检修、维护时不需要机电车间人员配合。

（3）对于在车站出入口或结合部等处进行封闭作业的施工，在进行封闭和解除封闭作业时按 C1 类作业，由主配合部门进行配合；封闭区域中的施工，按 C2 类作业，主配合部门不需要提供配合，但应经常进行巡视检查。

（九）设备巡检相关规定

（1）B3、C2 类作业及巡检作业车站值班员、车辆段调度不需审核施工计划，作业部门到车站、车辆段出示证件、登记方可允许作业，车站值班员、车辆段调度必须核实专业对口。

（2）对于信号设备房、通信设备房、变电所、变电设备房、综合监控设备房、低压配电室、通风空调电控室、照明配电室、屏蔽门控制室，非本专业人员进入，由专业人员配合并负责借钥匙。

（3）委外单位 FAS 专业或设施部 FAS 专业人员进入各设备房进行消防设备巡检时，出示有效证件后可直接登记借钥匙进行巡检，不需要配合。

2.5.4 施工调度管理系统请销点规定

施工申报人应提前确认或修改主辅站及施工负责人信息,确保与实际作业一致。否则,车站不予请点。

属于 A1/A2/A3/B1/B2/C1 类的作业,施工负责人在规定的施工开始时间前 30 min 到达车站/场段/OCC 进行登记。施工负责人/责任人需严格按照规定的时间到请点站请点,避免当晚施工过多排队登记影响施工开始。如无特殊情况,作业开始后 30 min 内未到则取消该作业。施工负责人到达车站或场段后,车站人员或场段调度需审核相关证件后填写相关内容,填写完毕,施工负责人输入施工密码进行确认。遇作业有多个配合部门配合时,由施工负责人确认配合部门人员是否到场,外单位作业车站须确认主配合部门人员是否到场(有文件规定不需主配合部门到场的除外)。

施工负责人进行请销点的车站,原则上必须是计划中指定的车站/场段。施工负责人在登记时应确定销点车站,因施工进度等原因造成无法在预订销点站销点时,由实际销点车站通过电话向行调申请强制销点。施工申请销点时,施工负责人必须确认出清作业人员数与施工系统中登记的人数相同,有主辅站时须确定总数相同。车站向行调发起请点时,需确认请点条件满足后方可请点。

遇在运营时间段或非作业时间段内进行的作业,如加开一圈或跟随末班车转场等作业,发布加开命令(选择受影响区域)后,会在施工一览图上显示线路占用。行调可根据实际情况分段解锁线路占用。

一个作业包含多个作业站,需要出站搭乘其他交通工具到达其他作业点的作业,只在系统中进行第一次请点和最后一次销点的操作,中间进站和离站由车站进行纸质台账登记,台账内容客运部自定。

场段施工过程中,因列车出入等原因需临时停止时,按照施工调度管理系统单轨准备会要求先进行系统销点,待施工继续进行时进行纸质台账请销点。

抢修作业结束后,抢修负责人应配合车站人员对抢修作业进行登记,作业时间及内容等按实际作业情况登记。

C1 类作业原则上应对每个作业车站单独申请一个作业计划,一次施工需在多站进行的 C1 类计划应分开提报。

任务 2.6 消防安全

2.6.1 消火栓

城市轨道交通车站在公共区、设备区均分布设置有室内消火栓,室内消火栓给水系统是一般建筑物应用最广泛的一种消防设施,它既可供火灾现场人员使用消火栓箱内的消防软管及消防水枪扑救初期火灾,又可作为消防队扑救火灾的现场水源。

消火栓的
使用方法
教学视频

(一)消火栓组成

消火栓由消防水源、消防水管、室内消火栓箱(水带、水枪、消防软管卷盘)和室外消火栓、消防水泵、消防水泵控制器等组成。

室内消火栓给水系统主要由消火栓箱、室内管网和市政接入管网、消防水箱和消防水池、水泵接合器、消防水泵、消防泵控制室等组成。建筑中使用的室内消火栓设备通常由设置在消火栓箱内的水带、水枪、拴阀等组成,如图 2-69 所示。

图 2-69　车站消火栓示意图

(二)车站消火栓的使用方法

(1)打开消火栓箱,取出水带,如图 2-70(a)所示。

(2)抛水带。右手握住水带,然后用力向正前方抛出,使水带向正前方摊开,如图 2-70(b)所示。

(3)接水带。右手将水带接头与消火栓接头对接,并顺时针转动至卡紧为止,如图 2-70(c)所示。

（4）接水枪、打开水龙头。迅速拿起另一头水带接头，一手拿着水枪向着火部位冲去，将水枪头接上水带接口，并将水龙头打开，如图 2-70（d）所示。

（5）灭火。喷水时，采取包围灭火战术阻止火势和烟雾向四周扩散。如遇电气火灾，应先断电后灭火，如图 2-70（e）所示。

（a）打开消火栓

（b）抛开水带

（c）接水带

（d）接水枪

（e）打开水阀门喷水灭火

图 2-70　消火栓的使用步骤图

2.6.2　灭火器

灭火器是一种由人力移动的轻便灭火器材，它能在自身压力作用下将其充装的灭火剂喷出扑救火灾，灭火器主要用于扑救初期火灾。城市轨道交通范围内使用的灭火器主要有干粉灭火器、二氧化碳灭火器、泡沫灭火器，如图 2-71 所示。为了方便使用，车站配置的灭火器大多为手提式灭火器。

灭火器的
使用方法
教学视频

（一）手提式灭火器概况

手提式灭火器的型号编制方法如图 2-72 所示。

各种手提式灭火器的灭火剂代号和特定的灭火剂特征代号见表 2-7。

(a) 手提式干粉灭火器　　　　(b) 二氧化碳灭火器　　　　(c) 泡沫灭火器

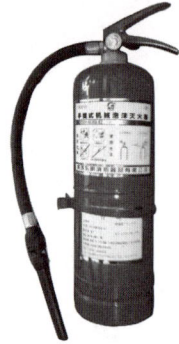

图 2-71　车站常用手提式灭火器图

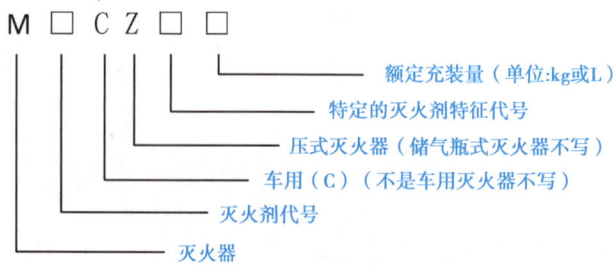

图 2-72　手提式灭火器的型号表示图

表 2-7　手提式灭火器特征代号表

分　类	灭火剂代号	灭火剂代号含义	特定的灭火剂特征代号	特征代号含义
水基型灭火器	S	清水或带添加剂的水,但不具有发泡倍数和25%析液时间要求	AR(不具有此性能不写)	具有扑灭水溶性液体燃料火灾的能力
	P	泡沫灭火剂,具有发泡倍数和25%析液时间要求。包括 P、FP、S、AR、AFFF 和 FFFP 等灭火剂	AR(不具有此性能不写)	具有扑灭水溶性液体燃料火灾的能力
干粉灭火器	F	干粉灭火剂,包括 BC 型和 ABC 型干粉灭火剂	ABC(BC 干粉灭火剂不写)	具有扑灭 A 类火灾的能力
二氧化碳灭火器	T	二氧化碳灭火剂		

示例:MPZAR6　6 L 手提储压式抗溶性泡沫灭火器

　　　MFABC5　5 kg 手提储气瓶式 ABC 干粉灭火器

　　　MFZBC8　8 kg 手提储压式 BC 干粉灭火器

(二)手提式干粉灭火器

手提式干粉灭火器内充装的灭火剂是干粉,根据所充装的干粉灭火剂种类的不同,干粉灭火器可分为碳酸氢钠干粉灭火器、钾盐干粉灭火器和磷酸铵盐干粉灭火器。由于碳酸氢钠只适用于扑救 B、C 类火灾,因此碳酸氢钠干粉灭火器又称为 BC 干粉灭火器。磷酸铵盐干粉适用于扑救 A、B、C 类火灾,所以磷酸铵盐干粉器又称为 ABC 干粉灭火器。

适用范围:固体火灾(A 类)、液体火灾(B 类)、气体火灾(C 类)和电气火灾。

检查方法:发现指针指在红色区域或开启使用过,就表明已失效,应送修。

有效期:一般为 5 年。

使用方法:扑救火灾时,手提或肩扛干粉灭火器至火场,上下颠倒几次。站在上风方向离火点 3~4 m 时,撕去灭火器上铅封记,拔出保险销。一只手紧握喷管、对准火源根部,另一只手的大拇指将压把按下,干粉即可喷出,并迅速摇摆喷嘴,使粉雾横扫整个火区,由近而远,将火扑灭。

(三)CO_2 灭火器

使用范围:适用于扑救液体、气体、电气设备的初起火灾,如带电的电气、贵重设备、图书资料等,但不能扑灭 A 类固体火灾。

检查方法:定期对灭火器进行称重,如泄漏的灭火剂质量大于总质量的 1/10 时,应补充灭火剂。

使用方法:首先将灭火器提到距起火地点约 5 m 处,放下灭火器,一只手握住喇叭形筒根部的手柄,把喷管对准火焰,另一只手迅速旋开手轮或压下压把,气体就会喷射出来。当扑救液体火灾时,应使 CO_2 射流由近而远向火焰喷射,如果燃烧面积较大,操作者可左右摆动喷管,直至把火扑灭。当扑救容器内火灾时,操作者应手持喷管根部的手柄,从容器上部的一侧向容器内喷射,但不要使 CO_2 直接冲击到液面上,以免将可燃液体冲出容器而扩大火灾。总之,使用 CO_2 灭火器时,应设法把 CO_2 尽量多地喷射到燃烧区内,使之达到灭火浓度而使火焰熄灭。

(四)机械泡沫和合成泡沫灭火器

使用范围:泡沫灭火器用来扑灭固体、液体发生的火灾,不能扑灭带电火灾。

检查方法:发现指针指在红色区域或开启使用过,就表明已失效,应送修。

有效期:一般为 2 年。

使用方法:扑救火灾时,离火点 3~4 m 时,撕去灭火器上的封记,拔出保险销,一手握紧喷嘴,对准火源,另一只手的大拇指将压把按下,泡沫即可喷出,并迅速摇摆喷嘴,使泡沫横扫整个火区,由近而远,将火扑灭。

任务 2.7　客流组织

2.7.1　车站日常客流组织

目前西安地铁一、二、三号线各车站根据本站的客流特点及设备设施的布局情况,制订了车站日常客流组织方案,确保车站客流组织有序,尽量避免进出站客流交叉,使车站的设备设施能够得到充分利用,进行客流组织时要坚持安全、及时、有序的基本原则。

2.7.2　节假日期间大客流组织

车站值班站长须清楚车站班组可支配人员、对讲机、铁马、告示、扩音器等备品数量及状态,有异常情况及时上报,及时解决,确保活动期间备品数量充足且备品能正常使用。节假日前,车站定出支援人员人数及岗位,节假日前前一天夜班班组须完成应对大客流站内布置工作。

节假日期间车站出现大客流时由值班站长担任现场总指挥,负责客流的控制和决策,当站台拥挤时,在站台电扶梯处安排引导员对乘客进行引导,对电扶梯进行防护,提前设置好线路引导乘客进、出站,减少交叉客流,负责巡视出入口是否有商贩在出入口 5 m 范围内贩卖商品给进出站的乘客带来影响,如果有应及时疏散,必要时报驻站公安。

复习思考题

(1)车站接发列车程序是什么？有哪些注意事项？

(2)路票的填写要求有哪些？

(3)电话闭塞法组织行车的流程有哪些？

(4)车站日常票务报表审核有哪些要求？

(5)客运值班员的服务要求有哪些？

(6)车票的安全管理有哪些要求？

(7)遇乘客投诉时的处理技巧有哪些？

(8)红闪灯的设置要求有哪些？

(9)道岔区域施工作业的相关规定有哪些？

(10)简述多组人员进行异地销点的规定。

(11)车站消火栓使用方法是什么？

(12)做好节假日期间大客流组织工作需注意哪些方面？

项目三 中级工理论知识及实操技能

任务 3.1 行车工作

3.1.1 屏蔽门系统

(一)屏蔽门设备简介

站台屏蔽门(PSD)系统安装在站台的边缘,为轨道区和站台公共区域之间提供了一道安全可靠的屏障。屏蔽门的主要功能是将站台乘客候车区域与轨行区进行隔离,保证乘客候车安全,另外还能起到节能的作用。屏蔽门外观如图 3-1 所示。

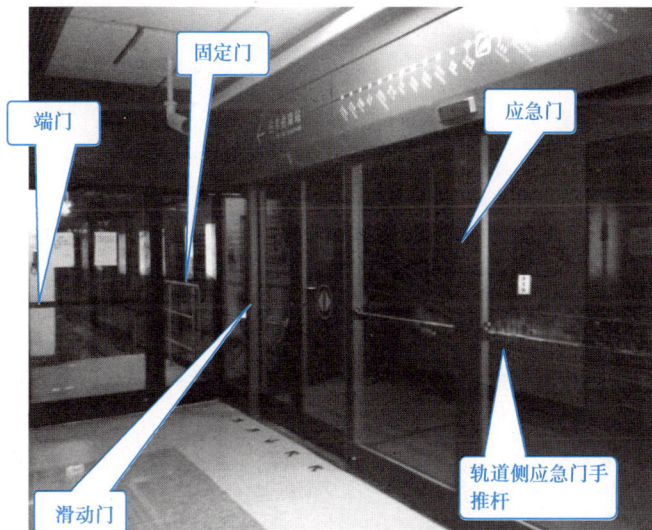

图 3-1 屏蔽门各组成部分示意图

屏蔽门由滑动门、端门、应急门、固定门四大门体组成,各门体介绍如下:

(1)滑动门(ASD):每个门单元有两扇滑动门。每扇滑动门由门玻璃、门框、门吊挂连接板、门导靴、门缘橡胶密封条和手动解锁装置等组成。

（2）端门（PED）：列车在区间隧道火灾或故障时停在隧道内，乘客从列车端门下到隧道后疏散到站台的通道，也是车站人员进出隧道、进行维修的通道。端门由端门门玻璃、门框、闭门器、手动解锁装置和门锁等构成。

（3）应急门（EED）：列车进站停车后列车门无法对准滑动门时的乘客疏散通道，乘客通过推开应急门的推杆从内侧打开应急门。

（4）固定门（FIX）：车站与区间隧道隔离和密封的屏障之一。固定门设置在滑动门与滑动门之间，滑动门与端门之间。

（二）屏蔽门设备操作

屏蔽门具有三级控制方式：系统级控制、站台级控制和就地级操作。三种控制方法中以就地级操作优先级最高，系统级最低。作为车站工作人员，应熟练掌握就地级控制和站台级控制。

（1）就地级控制操作

当系统级控制和站台级控制均出现故障时，必须由站台工作人员用钥匙就地打开滑动门或乘客使用手动解锁把手自行开启屏蔽门。具体可以分为以下几种情况：

1）滑动门手动操作是当系统级控制和站台级控制均不能操作屏蔽门，或个别屏蔽门操作机构发生故障时，或对单个门单元检修、维修、测试需要进行的操作，如图 3-2 所示为滑动门就地级模式钥匙开关。在站台侧，由站台工作人员用钥匙单个打开滑动门；在轨道侧由列车司机先打开车门，然后广播通知乘客使用滑动门上的手动解锁把手（或按钮），如图 3-3 所示，由乘客自行开启轨道侧滑动门的手动解锁把手打开屏蔽门。

模式开关四个挡（手动开、手动关、隔离、自动）

手动关　手动开　隔离　自动

图 3-2　滑动门就地级模式钥匙开关

图 3-3　滑动门内侧手动解锁开关

2）当列车无法在规定范围内停车，且偏移量较大，导致乘客无法从滑动门进出时，需对应急门进行手动操作。在站台侧由站台工作人员用钥匙打开应急门，或在轨道侧由列车司机通过广播通知乘客压推杆锁，打开应急门。

3）当隧道内发生火灾、列车出轨等情况，需要区间疏散乘客时，可由乘客压推杆锁或由站台工作人员在站台侧用钥匙手动打开端门，将乘客通过端门疏散到站台。另外施工检修人员需要进入轨行区作业时，由车站工作人员从站台侧用钥匙手动打开端门将施工人员送入正确区域。

（2）站台级控制操作

屏蔽门的站台级控制即是执行屏蔽门站台 PSL 控制盘发出的命令控制模式。PSL 控制盘一般设在站台端墙门内，如图 3-4 所示为站台头端门内设置的 PSL 控制盘。当出现屏蔽门与信号系统通信故障等问题时，屏蔽门主控制器 PEDC 无法接收信号系统指令进行自动开、关门操作时，就需要由站台工作人员或司机通过操作站台端墙门内 PSL 控制盘进行屏蔽门的开关操作。

1）PSL 开、关门操作步骤

将钥匙插入"PSL 操作允许开关"，钥匙开关初始位置为"OFF"位（"禁止"位）。开门时，顺时针转动钥匙至"PSL Operation enable"，滑动门打开，PSL 盘上"Door Open"灯亮。滑动门完全打开后，PSL 盘上"Door Open"灯灭，屏蔽门头灯常亮，开门操作完成。关门时，逆时针转动钥匙至"Door Close"并停留，滑动门开始关闭，"Door Close"灯亮，屏蔽门头灯闪亮，滑动门完全关好后，"Door Close"灯灭，"ASD/EED 关"指示灯亮，关门操作完成。关门操作完成后，将 PSL 钥匙旋转至"OFF"位（"禁止"位）。

2）PSL 互锁解除操作

①前提条件

信号系统故障不能确认屏蔽门关闭锁紧或不能控制开关门，列车无法进站或出站，需采用互锁解除操作。

图 3-4　屏蔽门站台操作 PSL 盘

②PSL 互锁解除操作步骤

•将屏蔽门 PSL 钥匙插入 PSL 盘上的"ASD/EED 互锁解除开关",如图 3-4 所示。

•将钥匙拧到互锁解除位并保持,确认列车进站停稳。

•列车无法离站,确认需采用互锁解除操作,将 PSL 钥匙拧到互锁解除位并保持,确认列车离站,松开钥匙,确认钥匙回到"OFF"位("禁止"位)。

(三)屏蔽门故障应急处理

屏蔽门是隔离站台候车区与轨行区的重要安全设备,可充分保证行车安全与候车乘客的人身安全,故而一般城市轨道交通的站台屏蔽门都实现了与车门的联动开关,并纳入信号系统联锁。发生屏蔽门故障时,站台列车将不能动车出站或站外列车不能进站。为减少对运营的影响,站务员要按照"先通后复"的原则处理屏蔽门故障,即在保证安全的前提下,先快速初步处理屏蔽门故障,即在保证安全的前提下快速做初步处理,尽量让列车恢复运行,之后再处理和维修,以确保列车准点运行。

(1)屏蔽门常见故障

1)单对屏蔽门无法正常打开或关闭。

2)多对屏蔽门无法正常打开或关闭。

3)整侧屏蔽门无法正常打开或关闭。

4)屏蔽门玻璃破裂/破碎。

(2)屏蔽门故障处理原则

1)发生屏蔽门故障时,要按照"先通后复"的原则进行处理,在保证安全的前提下,确保电客车正点运行。

2)确保站台乘客人身安全和便于乘客上、下车。

3)当运营中屏蔽门发生故障时,司机、车站要及时做好广播、现场防护安全措施,引导乘客上下车。

4)故障屏蔽门修复后,需对相应侧的屏蔽门进行一次开关门试验。

(3)屏蔽门故障应急处理

以下分别对常见屏蔽门故障的应急处理操作方法进行介绍。

1)单对屏蔽门不能正常关闭的车站操作处理程序。

①车站报告行调、机电部生产调度,用钥匙现场对故障屏蔽门进行旁路操作。

②若不能对单对屏蔽门进行旁路操作,现场防护,立即派人去端墙门处打"互锁解除"发车。

③待乘客上下车完毕安全后,向司机打"好了"信号。

④播放站台屏蔽门故障广播,让乘客远离故障屏蔽门。

⑤列车离开车站后,在已关闭的故障屏蔽门上张贴"此门故障、暂停使用"告示,加强现场防护。

⑥维修人员到达现场后向行调请点,经行调同意后通知维修人员进行维修,做好现场防护;下趟列车到达前1 min,通知维修人员停止维修。

⑦故障屏蔽门恢复正常后,撤除故障告示,向行调、机电部生产调度报告。

2)单对屏蔽门不能正常打开的车站操作处理程序。

①车站报告行调、机电部生产调度,用钥匙现场对故障屏蔽门进行旁路操作。

②播放站台屏蔽门故障引导广播,站台工作人员引导乘客从开启的屏蔽门上下车。

③若不能对故障屏蔽门进行旁路操作影响发车,立即派人去端墙门处打"互锁解除"发车。

④待乘客上下车完毕安全后,向司机显示"好了"信号。

⑤列车离开车站后,在已关闭的故障屏蔽门上张贴"此门故障、暂停使用"告示,加强现场防护。

⑥维修人员到达现场后向行调请点,经行调同意后通知维修人员进行维修,做好现场防护。下趟列车到达前1 min,通知维修人员停止维修。

⑦故障屏蔽门恢复正常后,撤除故障告示,向行调、机电部生产调度报告。

3)多对屏蔽门不能正常关闭的车站操作处理程序。

①车站报告行调、机电部生产调度,若未关闭的故障门较少,根据站台工作人员多少情况,可对所有故障屏蔽门进行就地旁路操作。若未关闭的故障门较多,站台工作人员较少,派人去打"互锁解除"发车。

②确认站台安全后,向司机显示"好了"信号。

③播放站台屏蔽门故障广播,让乘客远离故障屏蔽门。

④在列车发出后,将开启的故障屏蔽门用钥匙就地级关闭,根据站台工作人员情况及客流情况,可在部分故障屏蔽门旁安排人员手动开关,并将其他故障屏蔽门进行旁路操作,并张贴"此门故障、暂停使用"的告示。列车到站时必须确保每节车厢至少有一屏蔽门打开。

⑤维修人员到达现场后向行调请点,经行调同意后通知维修人员进行维修,做好现场防护。下趟列车到达前1 min,通知维修人员停止维修。

⑥故障屏蔽门恢复正常后,撤除故障告示,向行调、机电部生产调度报告。

4)多对屏蔽门不能正常打开的车站操作处理程序。

①车站报告行调、机电部生产调度。

②值班站长立即组织人员赶往站台协助支援。

③车站人员利用屏蔽门钥匙人工就地操作开启屏蔽门,根据列车上及站台客流大小,确保每节车厢对应的屏蔽门至少有一对滑动门开启。

④播放站台屏蔽门故障引导广播,站台工作人员引导乘客从开启的屏蔽门上下车。

⑤根据故障屏蔽门数量及站台工作人员多少情况,可对所有故障屏蔽门进行就地旁路操作。故障门较多,站台工作人员较少时,立即派人去打"互锁解除"发车。

⑥确认站台安全后,向司机显示"好了"信号。

⑦在列车发出后,根据站台工作人员情况及客流情况,可在部分故障屏蔽门旁安排人员手动开关,并将其他故障屏蔽门打至旁路,张贴"此门故障、暂停使用"的告示。列车到站时必须确保每节车厢至少有一对滑动门打开。

⑧维修人员到达现场后向行调请点,经行调同意后通知维修人员进行维修,做好现场防护。下趟列车到达前1 min,通知维修人员停止维修。

⑨故障屏蔽门恢复正常后,撤除故障告示,向行调、机电部生产调度报告。

5)某侧站台所有屏蔽门不能关闭的车站操作处理程序。

①车站报告行调、机电部生产调度。

②立即派人在端墙门PSL盘上打"互锁解除"发车,确认站台安全后,向司机显示"好了"信号,列车发出。

③播放站台屏蔽门故障广播,让乘客远离故障屏蔽门,现场工作人员做好宣传指引及防护。

④值班站长立即组织人员赶往站台协助支援。

⑤列车离站后,站务人员在PSL上再次尝试关门操作。

⑥车站根据站台工作人员数量及客流大小,可在部分屏蔽门旁安排人员手动开/关,并将其他屏蔽门用钥匙进行旁路操作,张贴"此门故障、暂停使用"的告示。列车到站时必须确保每节车厢至少有一对滑动门打开。

⑦维修人员到达现场后向行调请点,经行调同意后通知维修人员进行维修,做好现场防护。下趟列车到达前1 min,通知维修人员停止维修。

⑧故障屏蔽门恢复正常后,撤除故障告示,向行调、机电部生产调度报告。

6)某侧站台所有屏蔽门不能打开的车站操作处理程序。

①车站报告行调、机电部生产调度,经行调同意后车控室在IBP盘上操作尝试打开屏蔽门。

②若车控室在IBP盘上不能开启屏蔽门,值班站长组织人员采用屏蔽门钥匙人工开启屏蔽门,根据列车及站台客流大小,确保每节车厢对应的屏蔽门至少有一对滑动门开启。

③播放站台屏蔽门故障引导广播,站台工作人员引导乘客从开启的屏蔽门上下车。

④车控室在IBP上将屏蔽门开关钥匙从"开门位"打至"禁止位",并与司机及站台做好联控。

⑤若司机不能正常关闭屏蔽门,站务人员打"互锁解除"发车。

⑥确认站台安全后,向司机显示"好了"信号。

⑦待列车发出后,车站视客流情况可将已打开的滑动门就地级关闭,确保站台安全。若客流较小,可不关闭打开的滑动门,现场派人防护确保安全。车站对关闭的故障屏蔽门张贴故障贴纸,列车到站时必须确保每节车厢至少有一对滑动门可以打开。

⑧维修人员到达现场后向行调请点,经行调同意后通知维修人员进行维修,做好现场防护。下趟列车到达前1 min,通知维修人员停止维修。

⑨故障屏蔽门恢复正常后,撤除故障告示,向行调、机电部生产调度报告。

7)屏蔽门玻璃破裂/破碎掉落的故障处理。

①车站立即上报行调、机电部生产调度。

②派人至现场做好防护,防止乘客划伤或掉落轨行区。

③若滑动门玻璃破裂,车站应将该门打至旁路,并将相邻的滑动门打开降低隧道风压,防止隧道风压对破裂的滑动门造成影响;若固定门玻璃破裂,将相邻的滑动门打开降低隧道风压,防止隧道风压对破裂的滑动门造成影响;若端墙门玻璃破裂,车站应将端墙门打开,安排专人防护。

④若屏蔽门玻璃破裂未掉落,用封箱胶纸将整张玻璃张贴,防止突然爆裂。

⑤若屏蔽门玻璃已破碎应马上进行清理,同时防止玻璃碎片掉入轨行区。

⑥乘客上下车做好现场人工引导。

⑦列车准备出站时,站务人员应确认站台安全后显示"好了"信号,指示司机动车。

⑧维修人员到达现场后向行调请点,经行调同意后通知维修人员进行维修,做好现场防护。下趟列车到达前1 min,通知维修人员停止维修。

⑨故障屏蔽门恢复正常后,撤除故障告示,向行调、机电部生产调度报告。

3.1.2　电话闭塞法组织行车

(一)电话闭塞法组织流程

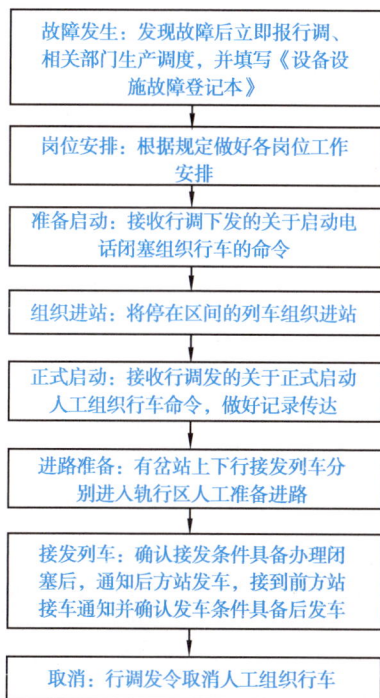

```
┌─────────────────────────────┐
│ 故障发生：发现故障后立即报行调、│
│ 相关部门生产调度，并填写《设备设│
│ 施故障登记本》                │
└─────────────────────────────┘
              │
┌─────────────────────────────┐
│ 岗位安排：根据规定做好各岗位工作│
│ 安排                          │
└─────────────────────────────┘
              │
┌─────────────────────────────┐
│ 准备启动：接收行调下发的关于启动│
│ 电话闭塞组织行车的命令          │
└─────────────────────────────┘
              │
┌─────────────────────────────┐
│ 组织进站：将停在区间的列车组织进站│
└─────────────────────────────┘
              │
┌─────────────────────────────┐
│ 正式启动：接收行调发的关于正式启动│
│ 人工组织行车命令，做好记录传达    │
└─────────────────────────────┘
              │
┌─────────────────────────────┐
│ 进路准备：有岔站上下行接发列车分 │
│ 别进入轨行区人工准备进路        │
└─────────────────────────────┘
              │
┌─────────────────────────────┐
│ 接发列车：确认接发条件具备办理闭 │
│ 塞后，通知后方站发车，接到前方站 │
│ 接车通知并确认发车条件具备后发车  │
└─────────────────────────────┘
              │
┌─────────────────────────────┐
│ 取消：行调发令取消人工组织行车    │
└─────────────────────────────┘
```

(二)电话闭塞法卡控措施

(1)行车值班员与递送人之间的核对

1)行车值班员将路票交予递送人员,递送路票人员依次询问行车值班员路票内容,行车值班员根据《行车日志》内容回答,递送路票人确认行车值班员所答与路票填写一致后方可将路票带出车控室。

2)若在核对路票时发现路票有涂改、增添字句或字迹不清等异常情况,递送路票者可拒绝接收路票。

(2)递送人将路票交予司机

路票交接地点为司机所在驾驶室的端墙门内,车站人员将路票交予司机。司机接到路票核对无误后方可关门,凭发车手信号动车。

(3)收回路票的处理

1)列车到站后,由行车值班员指定人员收回路票,并在路票正面斜对角画"×"以示注销。

2)折返站在列车到站后立即收回路票,严禁将路票带入折返线。不需要发路票的车站可由站台岗收回路票,并在路票正面斜对角画"×"以示注销。收回的路票必须及时交车控室按上、下行分开整理保存。

(三)其他相关要求

(1)折返站有站前渡线的,原则上优先办理站前接/发车进路,再办理站后折返进路。

(2)车站现场人工准备进路时,由行车值班员在车站综合监控系统(ISCS)的 BAS 工作站启动区间维修照明模式,开启区间工作照明。

(3)车站现场进路办理时,每加锁一副道岔,现场需向行车值班员汇报,行车值班员需在线路图对应的道岔上画"圆圈"标记。对于断了安全接点后再加钩锁器的道岔,现场需向行车值班员特别说明,行车值班员需在线路图对应的道岔旁写"已断"。

(4)若站台有车时,且前方区间无道岔,前方站无车时,有岔站优先办理发车手续,列车发出后再现场办理进路。

(5)人工办理进路时,当进路中的某组道岔位置正确,不需要手摇道岔时,车站人员无须断开道岔转辙机安全接点,可直接加装钩锁器。

(6)为保证行车及设备安全,不断开安全节点给道岔加装钩锁器时需注意两点:第一,禁止对已钩锁的道岔进行电子操作。第二,故障恢复后,须确认道岔钩锁器已拆除,方能对其进行下一步操作。

(四)各岗位职责

电话闭塞法时,车站可根据人员情况关闭部分票厅,重点保障行车安全。具体分工为:

(1)折返站

值班站长与1名站台岗现场办理进路;

行车值班员1负责办理闭塞;

行车值班员2负责监控行车值班员1办理闭塞。(车站可根据人员情况灵活调整行车值班员2与值班站长）；

客运值班员递送路票；

另一站台岗收取路票并与保安共同负责清客；

站长负责监控行车、客运等安全关键环节。

（2）中间站

有岔站值班站长与一名站务人员现场办理进路，进路办理完毕后回车控室监控行车值班员办理闭塞。无岔站值班站长在车控室监控行车值班员办理闭塞；

行车值班员办理闭塞；

客运值班员负责递送上行路票；

站长或值班站长指派一名具有上岗资格的站务人员负责递送下行路票，另安排一名站务人员负责接送列车和屏蔽门确认等工作，送路票的人确认屏蔽门安全后打发车手信号；

站长负责监控行车、客运等安全关键环节。

（五）联控用语

电话闭塞法联控用语

序号	联控项目	联控备用语
1	与站台岗核对站台是否空闲情况	请确认上/下行站台是否空闲
2	站台岗回复站台是否空闲情况	上/下行站台空闲/占用
3	向行调汇报进路准备情况	××站至××站上行/下行进路正确 ××站至××站上行/下行进路正确
4	请求闭塞	××站上/下行××次请求闭塞
5	同意闭塞请求	××站×点×分×秒同意上/下行××次闭塞，电话记录号码××
6	列车即将进站时，车控室通知站台岗接车	上/下行列车准备进站，注意接车
7	列车停稳后站台岗向车控室汇报	上/下行列车停稳
8	列车出清后站台岗向车控室汇报	上/下行列车出清
9	车站办理好进、出折返线或存车线的进路后，联控司机	（1）××次司机，存车线/折返线Ⅰ（Ⅱ）道至上（下）行站台进路准备妥当，凭现场人员"道岔开通"信号动车 （2）××次司机，上（下）行站台至存车线/折返线Ⅰ（Ⅱ）道/存车线进路准备妥当，凭现场人员"道岔开通"信号动车
10	车站向临站报点	××次×点×分×秒××站出清
11	车站向行调报点	××站报点，××次×点×分×秒××站出发/到达
12	已办妥的闭塞需取消时	××站取消上/下行××次闭塞，电话记录号码××××

(六)请求闭塞的时机

本站首趟发车时,在发车进路准备妥当、人员工器具出清线路,在核对发车车次正确,并确认前方闭塞区间空闲后,即可向前方站请求闭塞。如果前方站没有及时报出清点,车站要主动询问前次列车是否出清。

(七)同意闭塞的时机

(1)非折返站同意闭塞的条件为接车进路准备完毕、接车线路空闲。

(2)折返站(站后折返)同意闭塞的条件为本次列车的接车进路准备完毕,前次列车驶入折返线停稳。

(3)折返站(站前折返)同意闭塞的条件为本次列车的接车进路准备完毕、前次列车到达折返站的下一个车站站台停稳。

3.1.3 特殊情况下的行车组织

(一)比照调车方式办理

(1)当能在 ATS/LCW 集成工作站上排列进路时,由车站排列折返进路,司机凭地面信号和车站指令动车。

(2)当不能在 ATS/LCW 集成工作站上排列进路,而道岔可以在 ATS/LCW 集成工作站上操作"转换道岔"命令,并对进路上的道岔电子锁定,办理站确认进路上的所有道岔位置正确后,向司机发出道岔开通信号及动车指令。

(3)当只能人工现场准备进路时,车站人工办理进路并钩锁道岔,办理人员确认进路上的所有道岔位置正确后,向司机发出道岔开通信号及动车指令。

(二)列车退行

正线

(1)列车因故在站间停车需要退行回车站时,司机必须报告行调,在得到行调的命令并换端后方可退行(牵引退行),行调应及时通知有关车站。

(2)行调在确认后方相邻区间没有列车占用,并将后续列车扣停在后方站,方可同意列车退行。

(3)列车退行进入车站时,车站接车人员应于进站站台端墙处显示引导信号,列车在进站站台端墙外必须一度停车,确认引导信号正确方可进站。

(4)退行列车到达车站后,司机应及时向行调报告,同时根据行调的命令处理。

(5)当 ATS 正常使用时,由行调确认列车后方区间(相对原运行方向)无其他列车占用,并关闭相关联锁站所影响进路的起始信号机的自排或追踪功能,通知车站和司机列车退行的安排。

(6)当 ATS 不能正常使用时,由行调确认列车后方区间(相对原运行方向)无其他列车占用,并指令相关联锁站关闭所影响进路的起始信号机的自排或追踪功能,通知车站和司机列车退行的安排。

任务 3.2　服务工作

3.2.1　服务技巧

(一)站台岗服务技巧

(1)"四到"

心到:精神高度集中,随时应变异常。

话到:提醒乘客按排队线候车,按排队箭头候车,不要越出黄线,礼貌疏导客流,向违章乘客解释并制止。

眼到:三步一回头,密切注视乘客情况及列车运行状态。

手到:遇到地面有水,及时设置"小心地滑"牌,设备故障放"暂停服务"牌,地面较脏及时寻找保洁清除。

(2)"三多"

多巡:沿安全线内侧来回多巡视乘客和线路情况(自己不越过安全线)。

多看:多观察设备和乘客动态,及时处理异常情况。

多提醒:主动提醒看管好物品,看好小孩,不得拥挤,到人少的一端候车,先下、后上。

(3)遇蛮横不讲理的乘客及时与公安、保卫联系,不要与该乘客发生正面冲突。

(4)站台工作人员在车门亮灯即将关闭时靠近扶梯,以防乘客从上冲下扶梯,抢上车、夹人。

(5)站台客流不均匀时要及时引导乘客以防拥挤。

(二)票亭岗服务技巧

(1)排队超过 5 人时,必须站立服务,提高兑零、卖票速度。

(2)排队超过 8 人时,请示值班站长加人实施双人兑零方案。

(3)在出售及分析车票时尽可能使用功能键,使操作准确而快捷。

(4)在兑零空余时间尽可能把硬币盘摆满硬币。

(5)所兑硬币不散放在票务凹斗,而是垒成柱形,使乘客取币方便、快捷,不得有丢、抛动作。

(6)充分利用点币机兑零,10 个硬币以下用点币盘,同时台面适量放置几个硬币。

(7)减少票务处交接班时对乘客服务的影响。

1)交接班时间安排在车站非高峰期。

2)交人先准备好一盘硬币。

(8)售票员应事先处理付费区内乘客事务,并要礼貌地让非付费区内乘客稍等。

(9)车站统一规定乘客较少或车控室能监控得到的一端办理车票问题的处理和开启

边门的登记。

3.2.2　常见车站服务工作的处理

（一）车站服务常见问题

（1）乘客购票后,提出票款有误时

1）乘客购票后提出票款有误时,售票员经回忆认为情况属实,应及时补回给乘客并向乘客道歉。

2）若售票员不能肯定、款数较大（30元以上）,且乘客态度坚决、语气强硬,售票员会通知值班员到票亭查款核账,同时疏散客流到另端票亭或增设兑零点。查到有长款数额相近,则退还乘客并向乘客道歉;若无长款,则向乘客解释。如果乘客仍不接受,请乘客留下电话,待结账后再查是否长款,再与乘客联系。

3）乘客找零后离开票亭数小时（3 h以上）,建议乘客留下电话,待车站查属实后再通知乘客。

（2）乘客使用破旧钱币购票时

乘客使用破旧钱币购票时,除缺损1/4以上、破旧辨认不清面值的纸币不收外,其他都按规定收钱售票或兑零。对属不收之列的钱币,应向乘客做好解释工作并请乘客给予更换。

（3）乘客携带超高儿童进站时

1）向乘客解释说明地铁规定每位乘客可以携带一名1.3 m以下儿童免费乘车:"先生/女士:您的孩子超高了,请您给孩子买一张车票。"

2）处理这类问题过程中,在注意说好第一句话的同时,也要说好最后一句话,禁止对乘客有讥骂、推、拉、拽行为,避免发生纠纷。

（4）携带禁带物品的乘客进站时

向乘客说明地铁《乘客须知》规定禁止携带此类物品进站,请求乘客支持协助我们的工作。对执意进站不听劝阻者,应交值班站长或站长处理,必要时与公安人员取得联系。

（5）如遇乘客询问你不熟悉的乘车线路时

按照服务用语标准要求,对乘客提出的问题必须有问必答。如果出现你不熟悉的地址或乘车线路时,不能主观臆断地告诉乘客,确实不知道的应对乘客说:"对不起,我不清楚,请您再问问别人。"或积极请其他工作人员帮助解决。

（6）乘客要求找人或找物时

真正树立"想乘客所想、急乘客所急、帮乘客所需"的主动服务意识。在不影响正常作业的情况下,主动为乘客提供找人（物）的办法,或根据乘客提供线索与其他站联系。若没有结果,请乘客留下联系资料,以便联系。

（7）乘客被地铁设施砸伤、碰伤时

及时对乘客的伤势进行简单处理,在认真听取乘客反映情况的同时,分析判明责任,如属乘客自己的原因造成的,要对乘客的伤势给予同情,在需要时可陪同乘客就医;如属地铁原因造成的,首先要对乘客表示歉意和进行安慰,必要时陪同其就医,并及时向有关部门汇报。

(8)由于自身原因,乘客物品被地铁设施损坏,要求赔偿时

耐心听乘客叙述,向其解释说明造成损失是由于乘客自身责任,地铁不负责赔偿,并注意解释时的语气和态度。如乘客坚持要求赔偿,交给值班站长或站长处理,仍然无果的请求公安帮助。

(9)乘客遇到困难,需要帮助时

当乘客有困难时,车站工作人员应尽自己的全力帮助乘客解决问题,如实在解决不了的,要主动为乘客提供便利条件,在处理此类问题过程中禁止有埋怨、责怪、训斥乘客的话,禁止推诿扯皮。

(二)如何避免纠纷

(1)全体车站工作人员应具备预防服务冲突的两种优良品质,即宽容大度、与人为善。

(2)处理问题时应注意方式方法:

1)易地处理:将乘客请至房间内或僻静处处置,给乘客留面子。

2)易人处理:必要时,交于其他车站工作员或值班站长处理。

3)易性处理:原则性与灵活性有机结合。

(3)工作应避免讲的话:

顶撞、教训乘客的话不说;埋怨、责怪乘客的话不说;口头话、粗话不说;刺激乘客的过头话不说。

(4)工作应避免的行为:

1)对乘客问询不准不理不睬。

2)对违反地铁有关规定的乘客,不准有推、拉、拽行为。

3)罚款时,不准收钱不给凭证。

4)因地铁原因造成乘客伤害时,不准推诿扯皮。

5)清客时,不准用旗杆或牌子敲打车厢,不准用旗杆、牌子扒拉乘客。

任务 3.3 票务工作

3.3.1 票亭岗作业标准

(一)售票前的准备工作

(1)售票员在客运值班员处领取各种车票、备用金,并与相应的《车站售票员结算单》上的数量核对无误后,在《车站售票员结算单》上签收。

(2)售票员在行车值班员处领取车站票务中心门钥匙和 BOM 钱箱钥匙,并做好相关

登记。

(二)开窗售票

(1)售票前必须使用自己的密码、操作号登录。

(2)售票时必须遵守"一收、二唱、三操作、四找赎";车票在交给乘客之前,必须使用BOM进行分析,确保每一张车票的有效性,并通过显示屏请乘客确认。

(3)不接受外币和支票。

(4)若售票员中途离开车站票务中心时应及时登出BOM,若短时间离开可不登出BOM,但必须确保BOM不被他人使用且可随时监控票务中心情况。

(5)若车票、备用金不足时,售票员必须及时通知客运值班员,要求补充,并在《车站售票员结算单》《客运值班员交接班本》上注明,做好交接工作。

(6)需要有人顶岗时,不允许借用车票、现金,顶岗人必须使用自己的密码、操作号登录。售票员必须将本班所有现金、车票、报表放入上锁的售票盒中。

(三)售票结束

(1)售票员签退并与接班售票员接班(临时顶岗或他人顶班时也要进行此项操作)。

(2)按照结账程序的要求,客运值班员与售票员结账。

1)售票员售票结束后,立即携带本班所现金、车票及各类报表回车站票务管理室。

2)售票员与客运值班员一起清点所有的现金,并将实收总金额(实际清点金额+预收款金额−所配备用金)填在《车站售票员结算单》上。实收金额需更改时,需售票员与客运值班员、值班站长三人签章确认。

3)售票员和客运值班员共同清点各票种车票,填写《车站售票员结算单》及其他相关报表。

4)客运值班员检查售票员当班的所有报表是否全部交回且填写正确、完整。客运值班员顶售票员岗时,由值班站长或以上级别人员负责为其结账,并检查核对报表是否填写正确、完整。

3.3.2 车站 AFC 设备操作介绍

(一)自动售票机

自动售票机(Ticket Vending Machine,TVM)安装在车站非付费区,用于向乘客发售单程票,有些城市的TVM还具有对储值卡进行充值的功能。自动售票机上配备触摸屏和乘客显示屏,可以模拟显示线路,并能显示票价和投币情况,提示乘客购票,方便乘客操作,如图3-5所示为西安地铁二号线TVM设备。车站工作人员需要掌握TVM的状态判断,能够熟练进行钱箱、票箱的更换操作,以及简单故障处理,并能引导乘客购票。因TVM设备生产厂家较多,不同设备的操作及故障处理有所不同,以下仅以西安地铁二号线使用的TVM为例,说明具体的操作及故障处理方法。

(1)单程票购买

操作步骤:第一步,乘客在操作面板选择所要乘坐的线路按钮,选择线路中目的车站,并在操作面板左侧选择需要的车票数量,如图 3-6 所示。

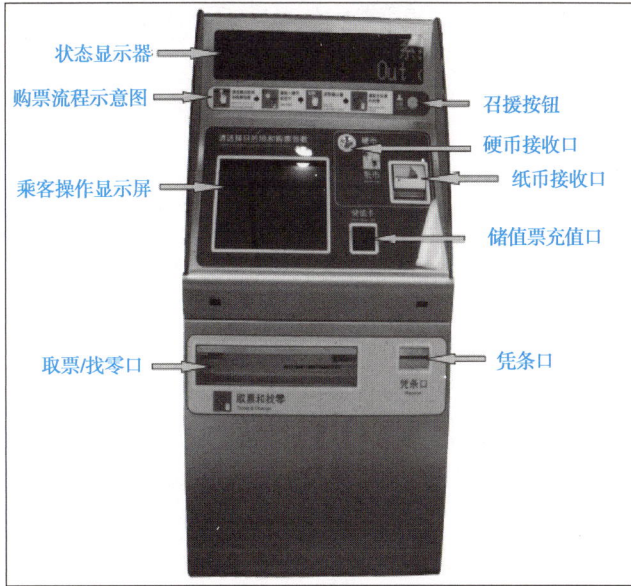

图 3-5　自动售票机外观

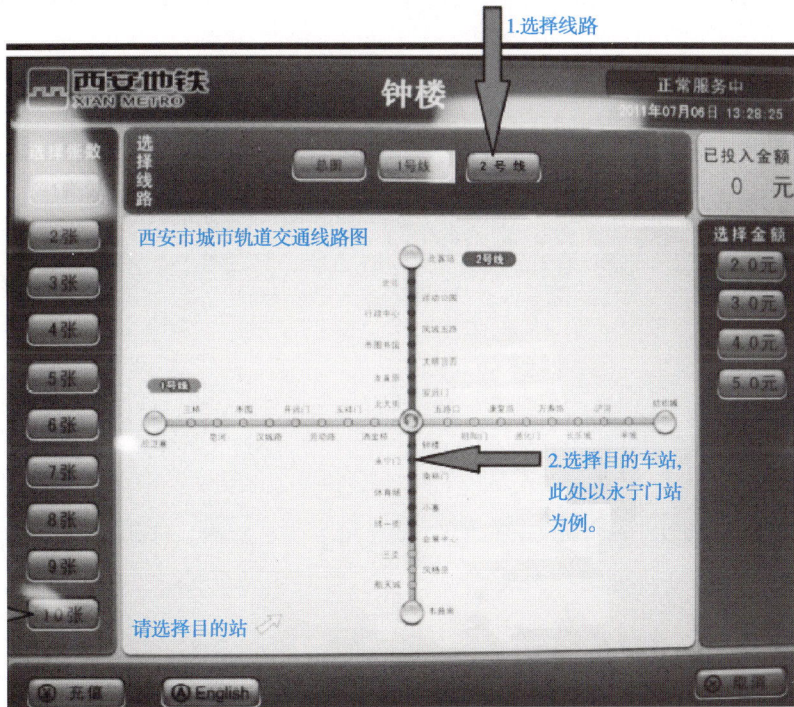

图 3-6　单程票购买线路及车站选择操作界面

　　第二步,选择购票信息窗口,将显示票种、起始车站、目的车站、单价、数量与应付款额、已付款额等项,并提示乘客投入硬币或纸币;若此前操作有误,可点击取消重新选择,如图 3-7 所示。

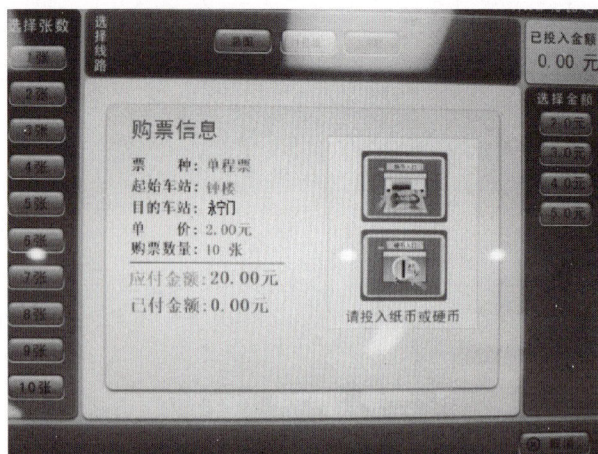

图 3-7　单程票购票信息确认及提示投币界面

第三步,确认购票后,TVM 开始出票,出票完成后将提示购票交易成功,请乘客在取票/找零口取票并取回找零,如图 3-8 所示。

(2)登录

对 TVM 进行记录查询、更换钱箱、补充硬币、补充单程票等操作之前必须先进行登录。用专业钥匙打开 TVM 维修门,TVM 机内有个操作键盘,通过该键盘输入站务人员编号及密码进行登录,如图 3-9 所示。

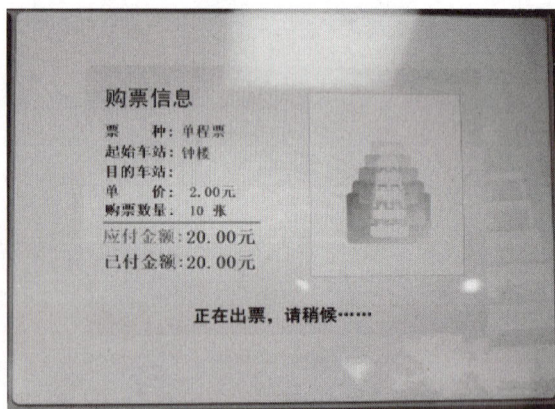

图 3-8　单程票出票及找零提示界面

图 3-9　TVM 内操作键盘
登录操作图

(3)更换钱箱操作

1)更换时间。

在以下 4 种情况下可进行钱箱更换操作:

①通过车站计算机 SC 查询 TVM 钱箱将满时。

②运营期间,在 TVM 乘客显示屏显示钱箱将满的信息时。

③为了降低车站隔夜票款,结合车站具体情况制订的固定钱箱更换时间。

④运营结束后。

2)操作步骤。

TVM 内可更换的钱箱包括硬币回收钱箱、纸币接收钱箱、硬币找零钱箱。

TVM 内部设置了现金安全门,纸币、硬币钱箱均安装于现金安全区内。现金安全门安装有独立的电磁锁及机械锁。开启电磁锁或机械锁都可以联动现金安全门的锁销,进而开启现金安全门。电磁锁由主控单元通过 I/O 系统进行驱动。当操作员通过维修操作键盘输入相关指令并得到授权后,主控单元会给 I/O 系统发出开锁信号,驱动电磁锁的电磁铁动作,拉动锁销,开启现金安全门,然后开始对钱箱更换操作。通过机械锁也可以开启现金安全门。关闭时只需将安全门推入锁孔即可实现锁定。具体更换钱箱操作步骤如图 3-10 所示。

(a)打开安全门   (b)插入钥匙开锁,按下按钮,取出硬币回收箱

图 3-10 TVM 更换钱箱操作步骤图

①车站工作人员打开维修门、登录账号进入主菜单。

②单击"打开安全门",进入子菜单界面。

③在子菜单界面选择"卸载钱箱"。

④用专用钥匙打开 TVM 钱箱。

⑤站于 TVM 机子左边,右手拉住钱箱拉环,左手托住钱箱,慢慢拉出钱箱。

⑥按照同样方法放入新的钱箱。

⑦锁好钱箱座锁。

(4)补充单程票操作

1)补票时间。

①每日运营开始前或运营过程中,在车站计算机 SC 上查询 TVM 车票数量,判断票箱将空时。

②运营期间,在 TVM 显示屏上显示"车票不足"相关信息时。

2)操作步骤。

①登录 TVM 后,选择"更换钱票箱"选项中的"更换票箱"。

②如出票模块无票箱,则直接选择"3 安装票箱",将票箱安装后点击确认。

③安装成功后会提示更换后的票箱信息,并按"确认键 ENTER"打印小单,之后退出登录或进行其他操作。

④如之前票箱未正常卸下,请先选择"2 卸载票箱"。

⑤卸载成功后按照提示,将票箱取下,再进行票箱安装,如图 3-11 所示。

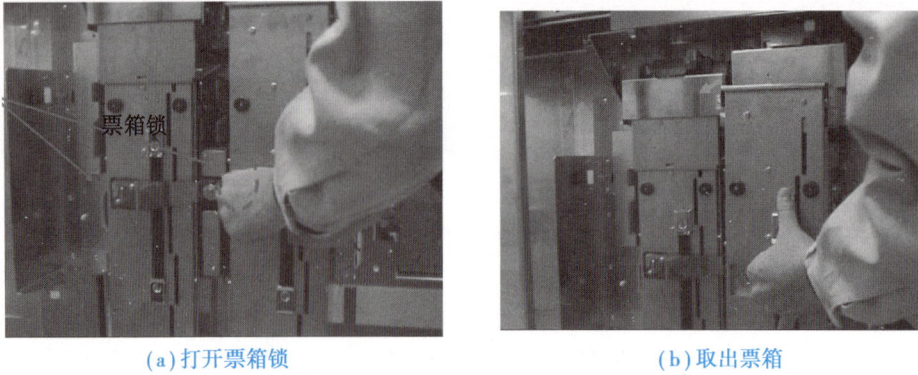

票箱锁

(a)打开票箱锁　　　　　　　　　　　　　　(b)取出票箱

图 3-11　卸载票箱过程图

(5)补充找零硬币

1)补充找零硬币时间。

①每天运营开始前两个小时。

②运营期间,当车站计算机 SC 上 TVM 设备状态显示找零硬币器将空。

③运营期间,在 TVM 显示屏上显示"硬币不足"相关信息时。

2)操作步骤。

①登录 TVM 后,选择"更换钱票箱"选项中的"添加硬币"。

②按照图 3-12 所示操作补充找零硬币。

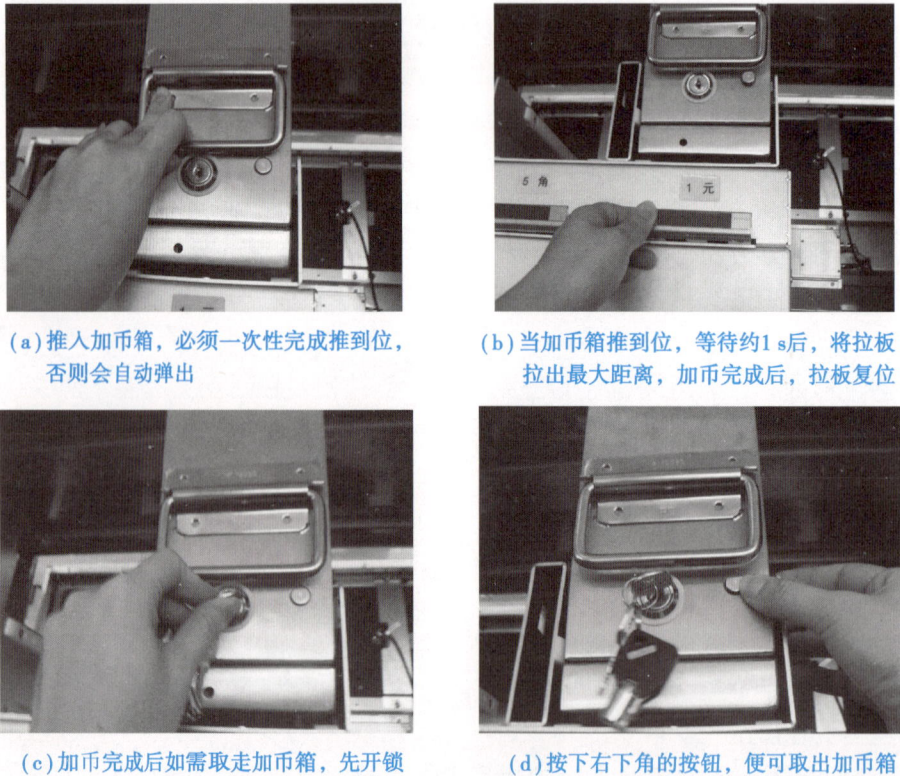

(a)推入加币箱,必须一次性完成推到位,
　　否则会自动弹出

(b)当加币箱推到位,等待约1 s后,将拉板
　　拉出最大距离,加币完成后,拉板复位

(c)加币完成后如需取走加币箱,先开锁

(d)按下右下角的按钮,便可取出加币箱

图 3-12　补充找零硬币图

（二）半自动售票机

半自动售票机（Booking Office Machine,BOM）设置于站厅的票亭内,由车站工作人员操作,操作员通过半自动售票机可对车票进行发售、分析、无效更新、充值、替换、退款、交易查询。同时,通过半自动售票机,可对发售预赋值车票进行记录,对票务管理/行政收款进行记录等处理,如图 3-13 所示。因 BOM 设备生产厂家较多,不同设备的操作及故障处理有所不同,以下仅以西安地铁二号线使用的 BOM 为例说明具体的操作方法。

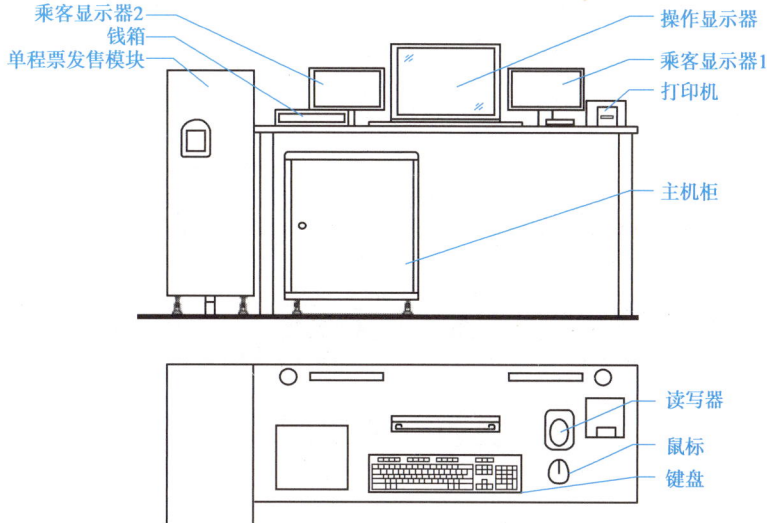

图 3-13　BOM 布局示意图

（1）登录操作

使用半自动售票机必须先进行登录,登录界面如图 3-14 所示。输入操作员用户名及密码完成登录后,进入半自动售票机操作主界面,如图 3-15 所示。相应向乘客显示的界面信息如图 3-16 所示。

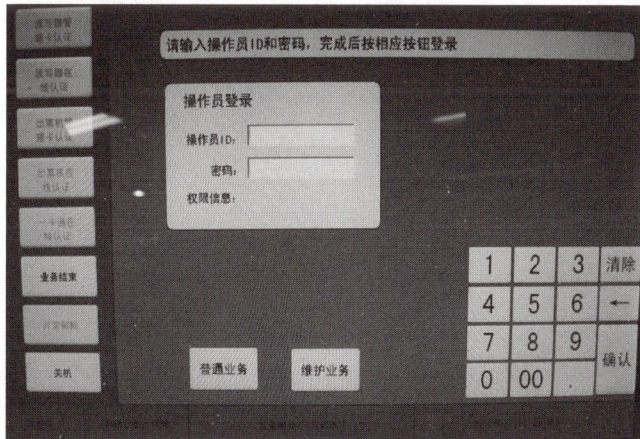

图 3-14　半自动售票机登录界面

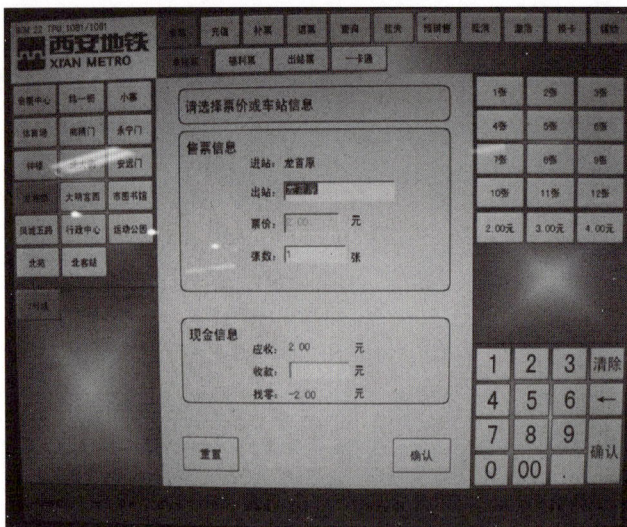

图 3-15　半自动售票机操作主界面

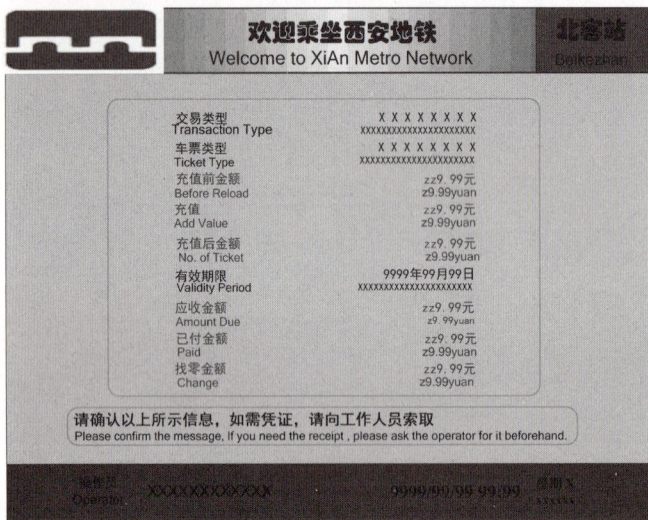

图 3-16　半自动售票机乘客界面显示图

（2）票卡分析查询

进入半自动售票机操作主界面后，将需要查询的票卡放置在读写器上，按照图 3-17 所示选择查询，该票卡的详细信息将显示在主界面上。

（3）单程票发售操作

进入半自动售票机操作主界面后，按照图 3-18 所示步骤进行操作，确认后单击"确定"键，乘客应付总额和找零总数显示在操作员显示器上，车票的金额、目的地等重要信息显示在乘客显示器上，供操作人员与乘客确认交易。单程票发售模块发售出对应的车票，将车票交付乘客。具体操作步骤如下：

1）选择售票——单程票。

2）选择目的地站名。

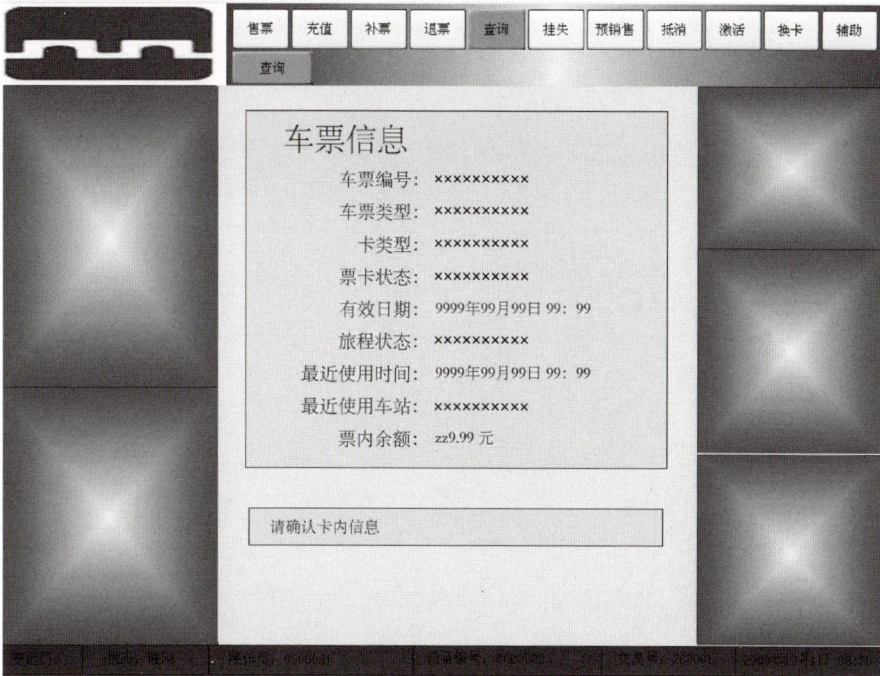

图 3-17　票卡查询界面

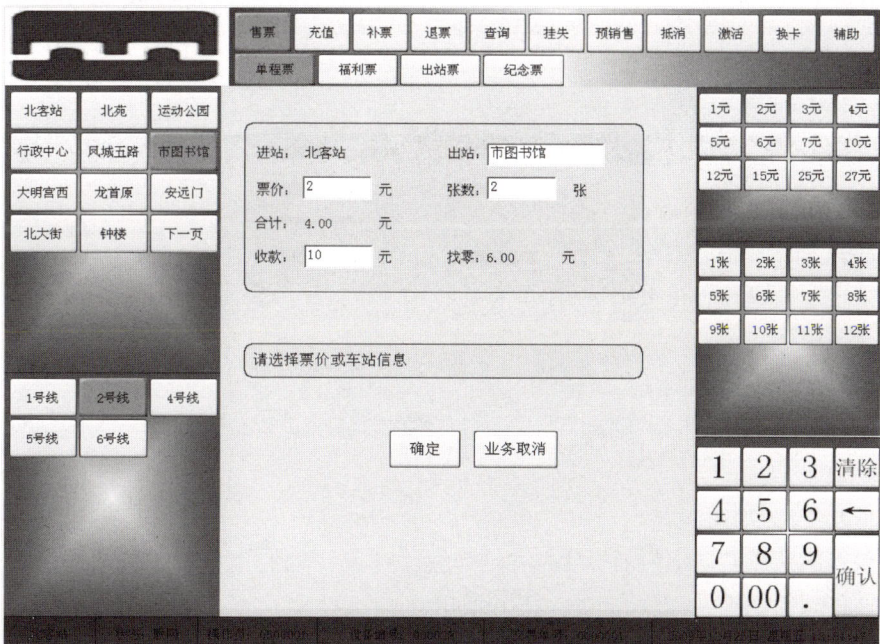

图 3-18　售单程票界面示意图

3）选择售票张数。

4）输入收取乘客金额。

（4）补票

补票分为付费区补票与非付费区补票两种。

1）付费区补票（见图 3-19）。

如果属于进站未刷卡情况需要从界面输入进站信息，还有可能要输入补票金额，如果是进站未刷卡情况，补票金额默认为 0，但可以在金额框内做修改。

如果属于出站金额不足或者超时补票情况，进入站会在界面上显示，不需要输入，直接在补票金额框内输入金额。

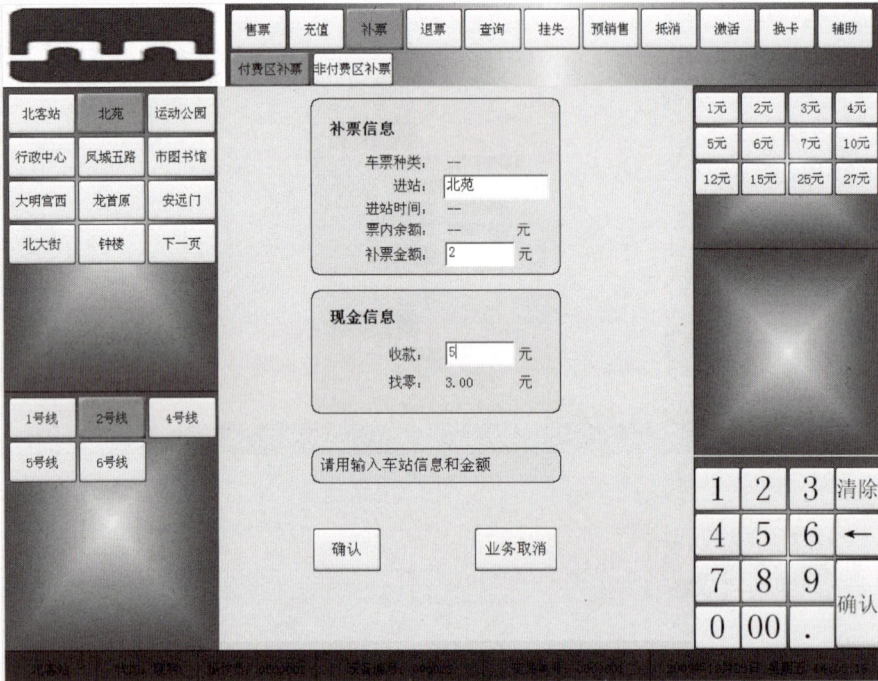

图 3-19　付费区补票界面

2）非付费区补票（见图 3-20）。

非付费区补票先选择出站信息，如果需要补票款就在补票金额框内选择金额，如果不需要直接按确认补票。

（5）票箱更换

登录 BOM 界面后选择"辅助"，再选择"票箱更换"，如图 3-21 所示。点击"更换开始"后开始更换票箱。

1）取出票箱操作流程。

将票箱固定齿轮向上轻抬，固定齿轮弹起。将票箱盖上推。盖住票箱后用钥匙锁住票箱。握住票箱把手，将票箱向外拉出并取出。

2）安装票箱流程。

握住票箱把手，将票箱沿着滑轨向里推到位。用钥匙打开票箱锁。把票箱顶盖拉出并使其自由垂下。将票箱固定齿轮向下压住票箱并固定。

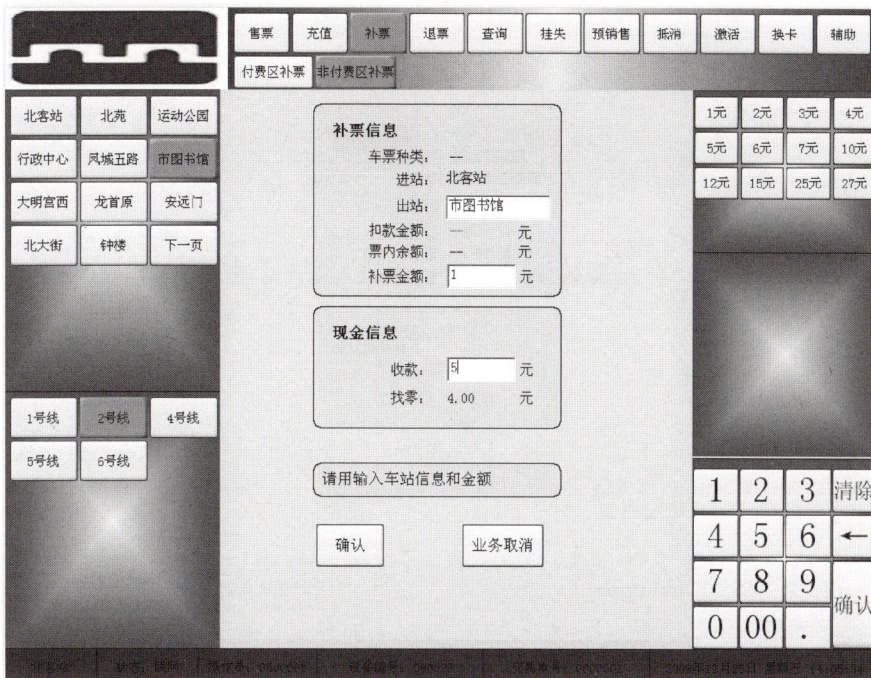

图 3-20　非付费区补票界面

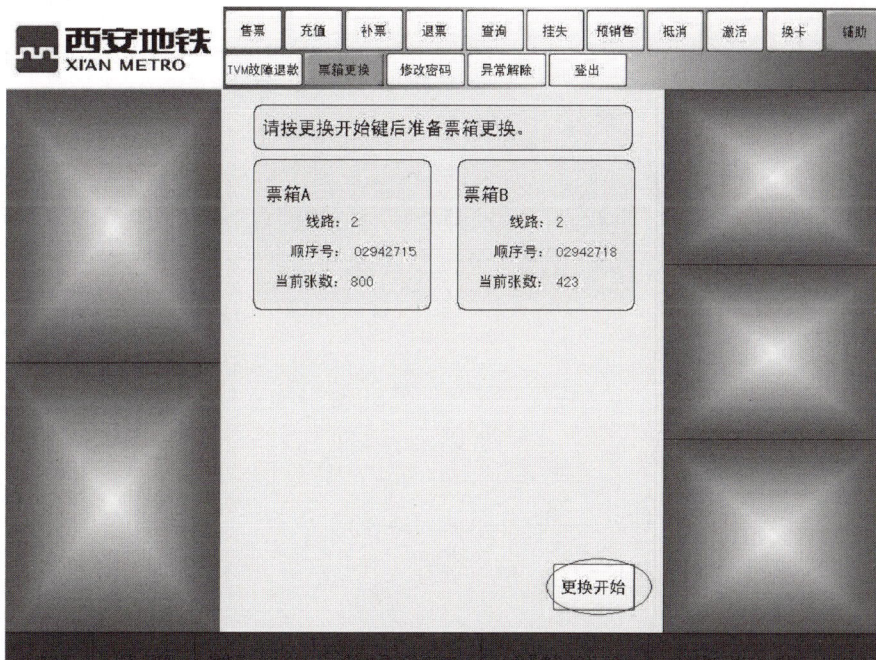

图 3-21　BOM 票箱更换操作界面

3）更换完成后点击确认，如图 3-22 所示。

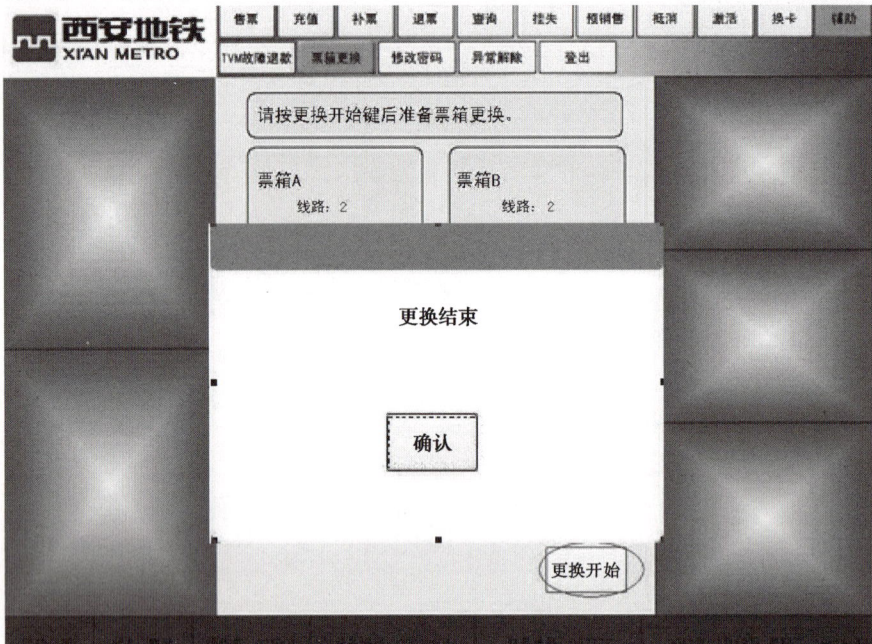

图 3-22　BOM 票箱更换后界面

(三)自动检票机(闸机)

自动检票机(AGM)布置于付费区与非付费区的交界处,能够对乘客持有的单程票及

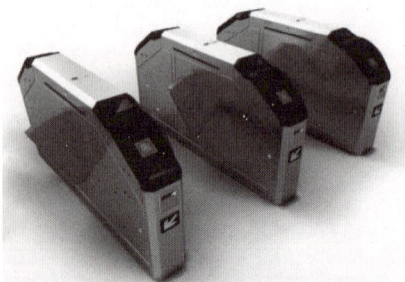

图 3-23　自动检票机(闸机)示意图

储值卡进行检查、编码,如图 3-23 所示。车站工作人员应会判断闸机的状态、票箱的更换操作。因 AGM 设备生产厂家较多,不同设备的操作及故障处理有所不同,以下仅以西安地铁二号线使用的 AGM 为例说明具体的操作方法。

(1)自动检票机的使用

第一步,进站。在允许通过状态进站闸机票卡读写器处使用单程票或储值卡,票卡无误,乘客显示器显示票卡余额,扇门打开允许乘客通过。

第二步,出站。在状态为允许通过的出站闸机票卡读写器处使用储值卡,或将单程票投入投票口中,乘客显示器显示票卡信息,单程票被回收,同时扇门打开,乘客由此出站。

(2)闸机的票箱更换

1)更换时间

①出闸机票箱将满时。

②出闸机票箱已满时。

③每天运营结束后。

2）操作步骤

①打开闸机的维修门后，外部"乘客显示屏"上显示闸机转入关闭模式的代码，方向指示器上显示红色"×"，提示乘客该闸机暂时不能通行。

②输入操作人员的用户 ID 和密码，显示验证成功代码。

③取出票箱，换入新票箱。

④票箱清零。放入新票箱后必须输入相应的命令进行票箱清零。

⑤退出系统，关闭闸机维修门。

3.3.3　车站 AFC 设备常见故障处理

（一）TVM 常见故障及故障处理方法

TVM 发生故障后，TVM 上方设备状态显示屏将显示"暂停服务""只收硬币""无纸币找零""只充值""无打印模式""只售票"等信息，车站工作人员发现后应立即处理和上报。TVM 常见故障包括纸币找零模块卡币、纸币接收模块卡币、硬币处理模块故障、单程票发售模块卡票等。

（1）纸币找零模块卡币

卡币是 TVM 最常见的故障之一，排除故障的方法是打开 TVM 后面的维修门和现金安全门，拉出纸币找零模块，取出卡住的纸币，然后在维修操作控制板上点测试，如模块可以正常工作，则故障排除，将模块返回，关闭现金安全门和维修门即可。纸币找零模块卡币常见有以下几种情况：

1）钞票卡在拾钞部内通道。具体处理方法如图 3-24 所示。

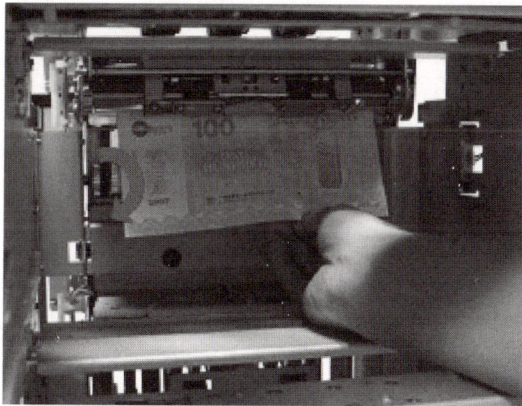

转动吸钞胶轮，取出钞票

图 3-24　钞票卡在拾钞部内通道的处理方法

2）钞票卡在拾钞部外通道。具体处理方法如图 3-25 所示。

3）钞票卡在传输通道。具体处理方法如图 3-26 所示。

（2）纸币接收模块卡币

乘客使用的纸币新旧程度不一，有的纸币已接近破损状态，所以纸币处理模块的故障

(a) 翻开拾钞部外通道　　　　　　　　　　　　(b) 取出钞票

图 3-25　钞票卡在拾钞部外通道的处理方法图

(a) 旋转传输通道旋钮　　　　　　　　　　　　(b) 进入回收箱或者从出钞口送出

图 3-26　钞票卡在传输通道的处理方法图

率也相对较高于其他功能模块。车站工作人员如发现此故障,需联系 AFC 维修人员进行故障排除,具体的处理方法如下:

1) 卡币的处理方式

①首先确定纸币卡币的位置,原则上以 TVM 工控机上的退币指令为首要方式。如果失败,转入手工模式。

②手工模式(断电):

进币通道卡币:将纸币靠主旋转轮带到退币通道,之后以退币通道卡币方法处理。

下币通道卡币:用下币滚筒将纸币转至交叉处,再靠主旋转轮带到退币通道,之后以退币通道卡币方法处理。

退币通道卡币:拨动闸门电磁阀,靠主旋转轮带出纸币。

2) 处理卡币的注意事项

①所有的白色碟形螺母均可旋开,为方便检查纸币状态可拆下挡板,仔细辨别各皮带的位置。

②取纸币时,请按取纸币流程操作。

③取完纸币后,再次检查皮带是否脱轨,准确安装拆下的挡板和验币器。

（3）硬币处理模块常见故障

1）加币箱加币未完成

处理方法：加币操作流程错误，重新进行操作。

2）投币口卡币

处理方法：传感器被挡或者传感器坏，清除遮挡物或者更换传感器。

3）金额不足，找零失败

处理方法：应添加硬币。

（二）AGM 常见故障及故障处理方法

当乘客进/出闸机出现问题时，闸机会显示相应的提示信息，闸机的状态可以通过状态代码来判断，不同状态代码代表不同的状态。各城市轨道交通车站闸机的状态代码不同，如某种型号的闸机状态代码含义如下：

20—密钥认证错误、21—黑名单车票、22—车票类型不符、23—车票状态错误、24—使用车站不符、25—余额不足、26—过期车票、27—进/出次序错误、28—进站码为系统未定义车站、29—超时、30—车票更新错误、31—超出日使用次数限制、32—超出总共使用次数限制、33—非法类型、34—写卡错误、35—读卡错误。

AGM 的常见故障包括乘客显示屏蓝屏、黑屏、显示屏颜色不正常、读卡器故障、票卡回收模块卡 UPS、PCM 板等。

（1）闸机卡票的处理方法：

1）将票传送导板向右移动，往前拉出。

2）确认卡票。

3）将传送滚轮的手转拉手向右旋转，将卡住的票用手传送到投入口。

4）将投票口锁舌的手动五金件向下拉，旋转传送滚轮的手转拉手，取出卡住的票。

5）安装票传送导板，安装螺丝。

（2）乘客显示屏蓝屏故障处理方法

ECU（主控单元）的系统出现问题，需要重新安装系统。

（3）进站端显示屏黑屏无显示故障处理方法

1）无 12 V 电源，检查 12 V 电源线是否正常，检查电源模块保险丝是否烧毁，若保险丝烧毁需要重新更换。

2）40P 信号线松掉，检查显示屏内部的信号连接线是否脱落。

3）检查工控机 LVDS 信号线是否松动。

4）显示屏损坏，若 LCD 屏损坏，更换 LCD 屏。

（三）BOM 常见故障及故障处理方法

BOM 常见故障包括出入输出设备故障、乘客显示屏故障、打印机故障、单程票发卡模块故障等。

（1）操作员显示器不显示故障处理方法

1）先按开启 PC 终端，看主机是否能够正常启动。

2）关掉 PC，查看显示器与 PC 连接是否正常。

3）更换操作员显示器，重新启动看是否正常。

（2）乘客显示器无法正常显示故障处理方法

1）检查乘客显示电源是否牢靠，电源线及信号线插牢靠。

2）检查周围是否有电磁干扰，若有干扰，即让干扰源远离显示器。

（3）显示屏黑屏无显示故障处理方法

1）无12 V电源，检查12 V电源线是否正常，无电源检查电源模块保险丝是否烧毁。

2）检查工控机输出信号线是否松动，若松动，需插牢靠。

3）以上检查都没有问题，LCD屏损坏，更换LCD屏。

（4）显示屏蓝屏故障处理方法

ECU（主控单元）的系统出现问题，需要重新制作系统或更换主控单元模块。

（5）显示屏颜色不正常故障处理方法

1）检查信号线连接接插件是否松动和插针接触不良。

2）信号线内部有断线，信号不完整，检查上面没有问题，那么信号线损坏，更换信号线。

（6）主控单元无法启动故障处理方法

检查220 V电源是否正常，如不正常需更换电源，如正常则主控单元出现故障需要更换。

（7）单程票发售模块停止出票故障处理方法

1）检查储票箱内是否还有单程票。

2）检查是否一号储票箱无票时不自动跳转至二号票箱。

3）检查单程票出票口是否存在异物。

（8）读写器不能正常读写车票故障处理方法

1）检查读写器电源是否连接正常，若连接不稳，即插牢靠。

2）检查读写器内置天线是否正常，若不正常，及时联系AFC巡检工班给予更换。

（9）不能读取票卡信息

解决办法：检查电源线和通信接口线是否连接正常。如果都正常则可能是票卡有问题或票卡发售模块故障，需要更换票卡发售模块。

（四）车站AFC设备故障客运应急处理

车站AFC设备故障主要包括车站BOM故障、车站部分或全部TVM故障、车站全部进站闸机故障、车站全部出站闸机故障。

发生AFC设备故障后，车站立即上报机电部生产调度，对乘客进行引导，播放乘客指引广播，现场设置相应告示，以下分几类情况具体讲解车站客运处理措施。

（1）车站BOM故障的客运应急处理

1）车站BOM部分故障时：引导乘客到车站其他票务中心办理业务。

2）车站BOM全部故障时：

①乘客在非付费区：对本次无法正常进闸的乘客，引导乘客从边门进站。

②乘客在付费区：

● 单程票超时、超程：按规定收取超时、超程车费，填写《乘客事务处理表》，引导乘客从边门出站，人工回收单程票并汇入当日站存车票，填写《车站车票库存日报表》。

● 计次票、纪念票、一卡通超时：按规定收取超时车费，填写《乘客事务处理表》，引导乘客从边门出站，告知乘客下次乘车时须到任意地铁车站票务中心扣除本次乘次/车费。

● 一卡通余额不足：引导乘客从边门出站，告知乘客下次乘车时须到任意地铁车站票务中心扣除本次车费。

● 对其他按规定需发售付费出站票的情况，按付费出站票的金额收取现金，填写《乘客事务处理表》，并引导乘客从边门出站。

（2）车站部分或全部 TVM 故障的客运应急处理

TVM 故障导致售票能力不足时，由车站站长（值班站长）根据设备故障及客流情况，决定采取以下方式缓解客流：

1）售卖预制单程票。

2）在预制单程票即将售空或售卖预制单程票仍未缓解客流的情况下，上报领导，经批准后开始售卖应急纸票，并上报控制中心行调。

（3）车站全部进站闸机故障的客运应急处理

车站全部进站闸机故障时，车站客运应急处理方法如下：

1）发生车站上报控制中心行调，引导乘客从边门进站。

2）出站车站对车票的处理：

①单程票：通过 BOM 免费进行进站更新，乘客凭更新后的车票出站。

②计次票、纪念票：通过 BOM 免费进行进站更新，在 BOM 上扣除本次车费方可正常出站。

③一卡通：询问乘客进站车站，在 BOM 上扣除本次车费后方可正常出站。

（4）车站全部出站闸机故障时的客运应急处理

1）车站全部出站闸机故障

①单程票处理：引导乘客从边门出站，人工回收单程票并汇入当日站存车票，填写《车站车票库存日报表》。

②计次票、纪念票及一卡通：引导乘客从边门出站，车站须告知乘客：下次乘车时，须到任意地铁车站票务中心扣除本次乘次/车费后，方可正常进站。

2）受影响车票下次进出站时车站对车票的处理

①乘客在非付费区：计次票、纪念票通过 BOM 扣除一次乘车次数后方可正常进站。乘客持一卡通的需询问乘客上次出站车站，在 BOM 上扣除上次车费后方可正常进站。

②乘客在付费区：计次票、纪念票通过 BOM 扣除两次乘车次数后方可正常出站。乘客持一卡通的需要询问乘客上次出站车站及本次进站车站，在 BOM 上扣除上次车费及本次车费后，方可正常出站。

3.3.4　现金管理

（一）AFC 功能测试小额现金借用流程

AFC 功能测试,如需要现金数量不大(200 元以下),测试人员可直接从车站借用,但需要遵守以下借用流程。

(1)测试前

1)测试人员填写《AFC 功能测试详情记录》表中"测试现金借用"部分,车站客运值班员确认后,将测试所需小额现金从当班售票员处取出票款借给测试人员。

2)售票员填写《乘客事务处理表》,在"现金事务"的"事件详情"栏填写"AFC 测试借用";涉及金额用"负值"表示;测试人员在"乘客签名"栏签字。

(2)测试中

1)测试人员进行测试并根据其操作的实际情况填写《AFC 功能测试详情记录》表中"测试详情"部分。

2)测试人员如在 BOM 上进行了操作,当班售票员按照系统提示和操作要求收取测试人员现金,按规定填写《乘客事务处理表》。

(3)测试后

1)测试人员将测试剩余现金归还借出车站客运值班员,填写《AFC 功能测试详情记录》表中"测试现金归还"部分,车站客运值班员确认后,将测试所剩现金归还当班售票员。

2)售票员填写《乘客事务处理表》,在"现金事务"的"事件详情"栏填写"AFC 测试归还";涉及金额用"正值"表示;测试人员在"乘客签名"栏签字。

3)测试购买的车票,如未被出闸机回收,测试人员须交还车站客运值班员,由客运值班员加封随报表上交至票务部票务室。

4)《AFC 功能测试详情记录》须随报表上交票务部票务室。

（二）假钞的处理

(1)车站收取假钞应遵循"谁收取谁补还"的原则。

(2)售票员在进行结账时,发现钱款有明显的失真特征或可通过验钞机识别为假钞的,由客运值班员或以上人员共同确认,并在《客运值班员交接班本》上登记,由该售票员当场补足票款。

(3)车站清点现金时发现非标准币

非标准币包括假币、游戏机币、残币、外币、拼接币等银行不接收的硬币和纸币。

1)车站需鉴别非标准币的出处,如属于银行配送的,参照《车站与银行打包返纳、兑零职责流程》的相关规定处理。

2)如属于 TVM 内部(钱箱外部)清点出的非标准币,车站人员在票务管理室中将非标准币对准摄像头,在值班站长监督下进行加封,封口上由客运值班员和值班站长双人签章;车站在《TVM 手工清出记录表》的"TVM 内部清出票款"栏按照非标准币实际面额填写;加封的非标准币和《TVM 手工清出记录表》随当日报表上交。

3）如属于 TVM 外部（站亭）拾获的非标准币，车站人员在票务管理室中将非标准币对准摄像头，在值班站长监督下进行加封，封口上由客运值班员和值班站长双人签章；车站在《TVM 手工清出记录表》的"TVM 外部拾获现金"栏按照非标准币实际面额填写；加封的非标准币和《TVM 手工清出记录表》随当日报表上交。

4）如属于 TVM 钱箱内部清点出的非标准币，车站人员在票务管理室中将非标准币对准摄像头，在值班站长监督下进行加封，封口上由客运值班员和值班站长双人签章；车站在《TVM 钱箱清点报表》的"清点金额"栏按照实际清点金额填写（不包含非标准币）并在备注栏中说明"××：××，×号钱箱清点出非标准币×元"，非标准币不计入营收金额，由清点人员共同签名确认，随当日报表上交。

（4）银行清点票款时发现假钞，直接没收，由相关票款的封装人负责补足票款。

（三）车站现金被劫的票务处理

（1）如遇车站现金被劫，当事人应第一时间报案，待公安人员处理完毕后，在票务部的监督下，由车站值班员负责清点车站所有现金，计算被劫金额。

（2）清点完毕后，被劫现金记入当天"车站营收日报"的"备注"栏进行备注，并附一份由公安出具的车站被劫证明及票务部出具的对现金的清点证明，随报表上交票务部票务室，且相关证明原件由票务部票务室交运营分公司财务部，票务部票务室保存复印件。

3.3.5　车票管理

（一）站间调票

（1）节假日出现大客流等特殊情况，车站可进行站间调票。

（2）站间调票由票务部票务室根据线路车票库存数量安排，直接打电话通知车站。

（3）站间调票时，调出车站准备车票并填写《车票调配单》；调入车站车安排站务人员收取车票。

（4）因特殊情况不能及时完成调票的车站，可向客运部分管票务负责人反映，由客运部分管票务负责人进行协调解决，但应保证当日运营结束前完成调票，完成调票后由客运部分管票务负责人向票务室反映最终情况。

（5）车站在遇到突发大客流等紧急情况下，可在客运部分管票务负责人组织下进行站间调票，调票信息须在调票当日反馈至票务部票务室。

（6）严禁车站私自进行站间车票调配。

（二）车票借用

（1）车票借用原则

1）票务部只能借出地铁发行的车票，不得办理地铁代售车票的申借手续。

2）除 AFC 系统设备功能测试可借用已赋值车票外，任何部门只能借用样票、未编码车票或已编码车票。

3)借用车票的条件。

①对外宣传。

②车票版面设计。

③车票申印。

④业务培训。

⑤AFC系统设备功能测试。

⑥票务事故调查处理。

4)车站借票。

①车站借票仅限AFC设备故障临时测试使用。

②车站AFC设备发生临时故障需借票测试时只能借用闸机回收票。

③测试借票需填写《车票借出记录表》。

④借票人员应在当天将车票交还车站,已被出闸机回收的车票除外,但需在《车票借出记录表》上注明原因。

⑤测试完毕,若AFC专业人员需带走车票,需要在《车票借出记录表》上注明。车票应在10个工作日内归还车站。车站在车票归还次日将车票加封随报表上交。

(三)车票盘点

(1)原则上车站车票盘点工作在每月25日运营结束后进行。

(2)车站车票盘点由客运值班员和值班站长两人进行。

(3)盘点在票务管理室监控仪可监控范围内进行清点,盘点的车票包括票务管理室内的所有车票(包括单程票、纸票、长安通卡、管理认证卡及营销类车票等);AGM票箱、BOM票箱、TVM票箱内的车票;设备废票箱、车站回收箱内的车票;特殊工作卡、车站认证管理卡。

(4)盘点时除票务部票务室加封、站长与值班站长共同加封的车票不需拆封,按加封数量进行记录,其他车票需清点实际数量。

(5)盘点结束后,盘点人员在《车站车票库存日报表》《车站车票月度盘点表》上记录盘点情况。

(6)盘点时,若车票的实际盘点数量与当天的《车站车票库存日报表》的本日结存数不符,车站先调查原因,如确实不符,按实际盘点数量填写《车站车票库存日报表》。

(7)车站对账实不一致情况时应立即上报客运部,客运部及时组织调查并在3个工作日内将调查情况书面报票务部。

3.3.6 票务违章及票务事故

(一)票务违章的定性原则

(1)违反票务规章制度,但未给票务工作造成较大影响或损失。

(2)违反票务规章制度,但未构成个人或集体获取利益。

（二）票务事故的定性原则及分类

（1）票务事故的定性原则

1）违反票务规章制度或因设备技术状态不良，给票务工作造成较大影响或造成公司票务收益损失、严重危及公司票务收益安全。

2）违反票务规章制度，获取个人或集体利益。

（2）票务事故的责任追究

1）票务事故所涉及的部门或个人，按责任程度分为主要责任和次要责任，按责任关系分为直接管理责任和间接管理责任。在票务事故责任追究时，按所负责任的划分给予适当、合理的处分。

2）凡因设备技术状态不良导致的票务事故，需按事故定性的客观证据，根据相关部门的工作责任范围来判断事故的责任部门。

3）同一票务事故的情节涉及两条及以上条款时，以事故情节最严重或危害最大的条款来进行定性和处理。

（3）票务事故的分类

1）一类票务事故。

①丢失3把以下（含3把）涉及票务收益安全的钥匙。

②因违规操作或设备技术状态不良造成票务收益流失或损失，合计价值200元以上（含200元）500元以下（含500元）。

③未按规定保管车票，导致空白车票或已赋值的储值车票遗失，合计价值200元以上（含200元）500元以下（含500元）。

④未按规定发放、回收公务票、测试票等特殊车票，造成错误发放、遗漏回收的情况。

⑤非车站票务中心营业时间，违规进入车站票务中心并违规使用票务设备。

2）二类票务事故。

①一次丢失4把及以上涉及票务收益安全的钥匙。

②因违规操作或设备技术状态不良造成票务收益流失或损失，合计价值500元以上1 000元以下（含1 000元）。

③未按规定保管车票，导致空白车票或已赋值的储值车票遗失，合计价值500元以上1 000元以下（含1 000元）。

④未按规定要求执行票务规章修订通知以及票务设备参数修订通知，造成票务收入损失。

⑤工作中违反相关规定，导致系统数据或监控录像等重要取证资料缺失或不全，影响三、四类事故嫌疑的调查取证。

⑥丢失SAM卡。

3）三类票务事故。

①伪造账目、报表或用其他虚假行为填平账目。

②在未经站长同意的情况下，值班站长及以下车站员工采取任何手段违规查询应收数额，私自填平短款或私吞长款。

③因违规操作或设备技术状态不良造成票务收益流失或损失,合计价值 1 000 元以上10 000 元以下(含 10 000 元)。

④未按规定保管车票,导致空白车票或已赋值的储值车票遗失,合计价值 1 000 元以上 10 000 元以下(含 10 000 元)。

⑤私自制作、使用票务钥匙。

⑥故意使用他人密码操作票务设备。

⑦丢失母密钥卡。

4)四类票务事故。

①任何蓄意导致公司票务收益流失或侵占公司票务收益的行为。

②违规将现金或车票等有价证券转移出安全区域,并且规避监控的行为。

③因违规操作或设备技术状态不良造成票务收益流失或损失,合计价值 10 000 元以上。

④未按规定保管车票,导致空白车票或已赋值的储值车票遗失,合计价值 10 000 元以上。

⑤私自制作有值车票。

(三)票务事故的处理原则

(1)一、二类票务事故的处理原则

由责任部门根据部门考核细则对主要责任人、次要责任人进行处理,并追究相关管理责任。

(2)三、四类票务事故的处理原则

由企业发展部组织票务部等相关部门进行事故定性,并由企业发展部给予主要责任人、次要责任人和直接或间接管理者进行通报处理。

(3)减免处理

票务事故责任人,在本人接受调查前,主动上报并陈述全部事实的,或当事部门共同参与调查或提供重要证据、线索,对案情突破发挥了重要作用的,经分公司相关领导同意可给予一定程度的减轻或免除处理的意见。

(4)严肃处理

凡有如下行为的工作人员,由企业发展部对当事人做出严肃处理:

1)在票务事故中知情不报,唆使、妨碍或干扰调查的各级人员。

2)在三、四类票务事故最终定性、定则之前,相关知情人员将拟办的事故定性、定责、处理结果或相关信息透露给当事人,影响事故调查处理工作的。

3)调查人员泄露举报材料和举报人情况,在事故调查过程中,相关知情人员泄露所掌握的信息。

(四)票务事故的处理程序

(1)票务事故的举报

1)实行票务事故举报制度,企业发展部为举报接受部门。

2)员工发现任何票务事故嫌疑事件,均有义务和权利向企业发展部举报。

3）举报要求。

①据实举报，对于举报情况，企业发展部将核实后受理，对有意诬陷、捏造事实的举报，将追究其责任。

②举报内容要反映被举报事件的基本情况、举报的事实，并尽可能提供相关材料。

③举报人需提供联系方式，便于对举报事件的查处。

④企业发展部要对举报内容进行登记并跟踪处理，同时对举报人和举报事件保密，严禁将举报材料和举报人的有关情况透露或者转给被举报部门和被举报人，违者将追究其责任。

（2）票务事故的上报

相关部门发现票务事故或事故嫌疑时，须在第一时间根据本部门掌握的数据、信息进行审核、分析，做出初步判断，将存在三、四类票务事故嫌疑的事件，连同判断依据、部门意见移交企业发展部处理。

（3）票务事故的调查

1）企业发展部对举报或上报的二类及以下票务事故移交当事部门处理；对三、四类票务事故嫌疑，在所报信息及证据的基础上，组织审核人员收集有关资料、对事件进行分析、调查及定性处理。

2）对涉嫌三、四类票务事故的，企业发展部将成立2名或2名以上人员组成调查组，展开全面、客观、公正的调查，收集有关证据；必要时可组织相关部门共同参与调查。

3）任何接受或参与调查的部门或个人在事件调查结束前，不得将掌握的调查信息或资料透露给调查组以外的人员。

4）询问有关人员应当个别进行，并制作询问笔录，由被询问人和询问人员签字。被询问人拒绝签字的，应注明情况并由2名或以上调查组人员签字确认。需勘验物证或者现场时，当事部门应予以充分配合。对勘验情况和结果应当制作笔录，由勘验人员和被邀请参加的人员签字确认。

5）调查取证过程中，相关涉及的部门应主动协助调查，按要求提供证据、技术或人员支持，无正当理由不得拒绝或延误正常的调查工作。

6）被调查的当事人和被询问的有关人员应认真配合调查，必要时调查组通知所属部门负责人调整其工作安排，进行脱岗调查。

7）被调查部门或个人要客观、真实、全面地反映所掌握的事实，对隐瞒、捏造、诬陷或提供虚假证言、物证的将追究其责任。

（4）票务事故的定性

1）一、二类票务事故由当事部门根据部门调查情况做出定性处理，并于5个工作日内报企业发展部审核、备案。

2）三、四类票务事故调查结束后，企业发展部内部应当组织对调查结果和有关证据材料进行分析，做出初步定性，如调查结果存在事实不清、证据不足的情况，应补充调查。

3）三、四类票务事故由企业发展部拟订调查处理报告。其中，四类票务事故在报相关领导批准前，企业发展部须组织相关部门召开事故定性会。

4）三、四类票务事故调查处理报告经相关领导批准后，由企业发展部根据事故定性、定责,下发相关的处理通报。

(五)票务事故的损失追缴

(1)一、二类票务事故的损失追缴

由当事部门在事件定性后的 10 个工作日之内督促相关人员完成损失缴交工作,并书面知会企业发展部及票务部。

(2)三、四类票务事故损失追缴

由企业发展部向当事部门发出缴款通知书,当事部门收到缴款通知书后,督促当事人在 10 个工作日内完成缴交工作,并将财务部确认的回执返还企业发展部归档。

(六)票务事故的复查、申诉

若当事部门或个人对事故通报的定性、定责持有异议的,可以在事故通报送达部门或个人后的 10 个工作日内提出复查申请,超过期限的原则上不予受理;在票务事故的复查及申诉过程中,原则上按申诉结果执行。

(1)一、二类票务事故的复查、申诉

1)若企业发展部认为当事部门定性、定责处理不合理,有权推翻原定性、定责处理结果,向当事部门提出重新调查、定性和定责要求,当事部门需在 5 个工作日内重新将定性、定责结果报企业发展部。

2)若事故当事人对事故通报的定性、定责持有异议,可在事故通报送达个人后的 10 个工作日内向所在部门提出复查申请,当事部门需在 5 个工作日内重新复查并将定性、定责结果报企业发展部。

(2)三、四类票务事故的复查、申诉

1)企业发展部完成调查后,与当事部门共同对事故主要责任人进行最后的调查谈话,并做好相关笔录。如事故主要责任人对三、四类票务事故的调查有新的补充或说明,须在谈话时一次性提出,企业发展部负责对主要责任人提出的补充或说明再进行调查。

2)若当事部门对事故通报的定性、定责持有异议,可在事故通报送达部门后的 10 个工作日内向企业发展部提出复查申请。

3)企业发展部收到三、四类票务事故申诉后,组织本部门相关人员、当事相关人员共同成立票务事故申诉调查小组,在 10 个工作日内完成事故定性、定责的复查工作,并将复查结果书面反馈给当事部门(当事人由部门负责告知)。如定性或定责有错的,由企业发展部做出对事故定性、定责的更正,并报相关领导审批后发事故通报。

任务 3.4　安全工作

3.4.1　车站安全应急设备

车站安全应急设备分为火灾紧急报警器、自动扶梯紧停装置、紧急停车按钮等。其安装位置和数量均根据不同的城市轨道交通系统建设的要求而有所不同,但各类应急设备的启用时机相同,就是必须在发生危及行车安全或人身安全时的紧急情况时使用。

(一)火灾紧急报警器(见图3-27)

每个车站的站台端墙上设备区、消火栓旁都安装有"火灾手动报警器"。

(二)自动扶梯紧停装置(见图3-28)

车站内所有自动扶梯两端都安装有"紧急停机"装置,发生超速运行或突然反向运行,乘客夹住手指、物品、摔倒等紧急情况时,工作人员需紧急停止自动扶梯的运行,以防意外的影响扩大,需要立即停止自动扶梯运行时,应大声通知乘客"紧急停止,请抓住扶手"后,再进行操作。

图3-27　火灾紧急报警器

图3-28　自动扶梯紧停装置

(三)车站站台紧急停车按钮(见图3-29)

每侧站台墙上各设2个"紧急停车按钮",当发生屏蔽门、车门夹人夹物等紧急情况时,击碎塑料保护罩,按下按钮即可。

3.4.2　车站应急备品

(一)呼吸器

车站定期组织员工演练,掌握呼吸器的使用方法。定期进行检查,保证气瓶压力在规定允许使用的范围,压力不足时及时向安全管理部门报告,及时联系充气,确保突发情况时能够正常使用。

图3-29　车站站台紧急停车按钮

(二)逃生面具

车站所有职工必须掌握逃生面具使用方法。车站每岗一副逃生面具,随岗配发,随岗交接,各岗位人员负责定期检查逃生面具真空包装的完好情况。有不符合标准的及时报公司安全管理部门。

（三）应急灯

应急灯要指定专人保管,建立使用及充电登记台账,车站要定期检查应急灯的性能,确保做到随取随用。

（四）便携式扶梯

便携式扶梯统一放置于站台备品房间内,指定专人保管。

3.4.3 车站消防安全管理

值班站长当班期间对本站整体的消防安全负责,具体负责车站站台、站厅公共区、设备区通道、车控室及其他车站人员办公或值班场所。

（一）日常消防巡视及消防器材检查

值班站长应每 2 h 对车站消防安全重点部位进行一次防火巡查,主要巡查内容包括:用火、用电是否有违章情况;安全出口、应急疏散通道是否畅通;常闭式防火门是否处于关闭状态,防火卷帘门下方是否堆放物品影响使用;应急照明、安全疏散指示标志状态是否良好或完好、指示方向是否正确;消防设备设施和消防安全标志是否在位、完整;消防安全重点部位人员在岗情况;其他消防安全情况,做好巡查记录,发现问题及时处置,对无法处置的问题要及时报修,发现违章要及时纠正,填写《车站消防、综治巡查记录本》。

车站每月 20—25 日进行消防器材检查,检查完后做好记录。车站出入口、站厅、站台、设备区公共区域的消火栓、灭火器箱统一用封条加封,封条有效期为一个月,到期后必须开封检查箱内的消防器材,确认完好后重新贴上封条;日常巡查中发现封条被破坏或缺少的应开箱进行检查,确认箱内消防器材在位、完整有效后重新加封。

（二）员工消防技能培训

消防安全责任人、消防安全管理人员、消防控制室值班人员、车站车控室人员及消防设备设施维修等与消防安全工作相关的人员应当接受消防部门的培训,消防控制室值班人员、车站车控室人员、FAS 及气体灭火系统维修人员必须取得自动消防设备操作证后方可上岗,值班站长每月组织一次覆盖全员的消防演练,提升员工的消防业务技能。

3.4.4 安全隐患的排查与治理

值班站长是安全隐患排查、治理和防控的第一责任人,隐患排查的主要内容包括安全生产法律法规、规章制度、规程标准的贯彻执行情况;安全生产重要设施、装备和关键设备、装置的完好状况及日常管理维护、保养情况,劳动防护用品的配备和使用情况;危险性较大的特种设备和危险物品的存储容器、运输工具的完好状况及检测检验情况;应急预案制订、演练和应急救援物资、设备配备及维护情况;安全基础工作及教育培训情况,特别是特种作业人员持证上岗情况和行车主要工种的教育培训情况,以及劳动组织、用工等情况;对地铁周边或作业过程中存在的易由自然灾害引发事故灾难的危险点排查、防范和治理情况等。

任务 3.5　应急处理

3.5.1　车站发生客伤时的处理技巧

车站发生客伤后，车站工作人员及时做好信息上报工作，当班值班站长第一时间赶赴事发地点，担任客伤"事故处理主任"，进行积极、妥善处理；车站其他各岗位，服从值班站长安排，配合处理；现场处理以救护为先，力求减小客伤影响，防止事态升级。

值班站长现场处理时必须携带可录音设备对工作人员与乘客的对话进行录音，视情况携带 DV 执岗记录仪或利用手机对现场处理过程进行录像。积极联系驻站民警查看并留存记录事件过程的监控录像；视情况挽留现场目击证人，填写书面事情经过；视情况请当事人留下书面事情经过。对相关受伤部位、受损物品拍照留存，并注意方法，力求清晰，为后续理赔评估提供可靠参考。如伤口大小、部位；物品的大小、品牌、形状、新旧程度、受损部位的各角度特写等；携带车站配备医药箱，可根据现场情况对受伤乘客可判断的伤势进行简单处理。

乘客受伤涉及相关设施设备的，车站要立即将其停用，上报相关维修部门，要求专业人员现场确认故障，并拍照留存证据，待专业人员现场确认、检修完毕后方可重新投入使用，车站必须做好记录；乘客受伤行动不便的，车站在积极施救的同时要用屏风对现场进行围蔽直至 120 到场，同时做好其他乘客的引导疏散工作，防止大量乘客积聚围观，造成客流阻塞。

客伤的现场协商，可采用"易人、易事、易地"的处理方法，避免事态升级，对公司形象造成不良影响。处理过程中，各级"事故处理主任"负责把控全局，安排好各岗位员工的工作，未经"事故处理主任"同意，任何工作人员不得与乘客谈及与客伤事故有利害关系的信息，如电扶梯的工作状态、故障历史等，避免乘客误解，致使矛盾激化。

在与受伤乘客接触的过程中，要坚持"地铁所至，爱心相随"的理念。对乘客伤情要表示关心，尽量安抚乘客情绪，不冷漠、不推脱，同时注意不随意许诺，不擅自对事故妄下定论，对乘客的疑问只进行描述性解释。

现场赔付时，及时填写理赔协议书、留存乘客身份证复印件、收条，代签人需表明与伤者身份关系同时留存身份证复印件；由部门客伤处理专职人员或车站"事故处理主任"代表甲方签名，加盖车站站名章（此协议书一式两份，甲乙双方各执一份）。原则上，客伤处理需在事发地车站进行现场处理。

3.5.2　突发性大客流的客流组织

车站突发性大客流属于运营生产类突发事件,是指在地铁运营期间,在某一时段发生不可预见的客流暴增,可能或已经对地铁运营秩序和服务带来很大影响。根据大客流可能对运营秩序、乘客安全、财产损失等造成的影响程度大小,按从小到大顺序分为三级,三级大客流,车站出入口、站厅、站台等任一区域出现拥堵,持续时间 10 min 内未能缓解,且站台出现乘客滞留,连续 2 趟不能上车,对车站正常运营组织造成一定影响的情况。二级大客流,车站出入口、站厅、站台等任一区域出现拥堵,持续时间 15 min 内未能缓解,且站台出现大量乘客滞留,连续 3 趟不能上车,对车站运营组织造成较大影响,可能造成较大运营安全风险的情况。一级大客流,车站出入口、站厅、站台等任一区域出现拥堵,持续时间 20 min 内未能缓解,且站台出现大量乘客滞留,连续 4 趟不能上车,对车站运营组织造成重大影响,可能造成重大运营安全风险的情况。

(一)三级大客流响应
(1)事发车站及时按照信息报告程序及要求上报现场情况。
(2)接报各部门按照处置措施开展应急处置。
(3)事发车站及时采取措施进行控制、限流、改变客流组织方式等。
(4)票务部、机电部安排相关专业立即赶赴现场支援。
(5)大客流发生车站视情况申请多停、加车等行车配合措施。

(二)二级大客流响应
在三级大客流响应的基础上:
(1)大客流发生车站及时申请线控。
(2)相关车站根据线控需要配合进行控制。

(三)一级大客流响应
在二级大客流响应的基础上:
(1)事发车站及时采取措施进行控制、限流、改变客流组织方式、关停部分设备、关闭物业结合口、关闭部分出入口等。
(2)客流发生车站及时申请网控。
(3)相关车站根据网控需要配合进行控制。
(4)大客流发生车站视情况申请多停、加车、越站等行车配合措施。

3.5.3　车站票务应急处理

(一)单个或部分车站 AFC 设备故障或能力不足时的应急处理
(1)车站 BOM 故障的票务处理程序
1)车站 BOM 部分故障时,引导乘客到车站其他票务中心办理业务。
2)车站 BOM 全部故障时:

①乘客在非付费区：

· 对于本次无法正常进闸的乘客，引导乘客从边门进站，无法正常出站的乘客由出站车站参照《BOM 补票详细操作》中的对应情况对车票进行处理。

· 对于因安全检查未通过等地铁原因造成已购票乘客无法乘车的，引导乘客去 PCA 或 TCM 处验票，确定车票为当天当站购买且未使用，则进行退票并填写《乘客事务处理表》。

其他车票异常的处理参照《BOM 补票详细操作》的规定。

②乘客在付费区：对于车票异常无法正常出闸的车票，引导乘客到 PCA 处验票。

· 单程票超时、超程：按规定收取超时、超程车费，填写《乘客事务处理表》；引导乘客从边门出站，人工回收单程票并汇入当日站存车票，填写《车站车票库存日报表》。

· 纪念票（包括计次纪念票、定值纪念票等，以下同）、长安通卡超时：按规定收取超时车费，填写《乘客事务处理表》；引导乘客从边门出站，告知乘客下次乘车时须到任意地铁车站票务中心扣除本次乘次/车费。

· 定值纪念票、长安通卡余额不足：引导乘客从边门出站，告知乘客下次乘车时须到任意地铁车站票务中心扣除本次车费。

· 对其他按规定需发售付费出站票的乘客，按付费出站票的金额收取现金，填写《乘客事务处理表》，并引导乘客从边门出站。

· 对其他按规定需在 BOM 上发售免费出站票的乘客，不予发售，填写《乘客事务处理表》，引导乘客从边门出站。

③若车站 PCA 因故障或其他原因无法使用时，对于车票异常无法正常出闸的处理：

· 单程票：引导乘客从边门出站，人工回收单程票并汇入当日站存车票，填写《车站车票库存日报表》。

· 纪念票、长安通卡：引导乘客从边门出站，告知乘客下次乘车时须到任意地铁车站票务中心扣除本次乘次/车费。

· 对其他按规定需发售付费出站票的乘客，按付费出站票的金额收取现金，填写《乘客事务处理表》，并引导乘客从边门出站。

· 对其他按规定需在 BOM 上发售免费出站票的乘客，不予发售，填写《乘客事务处理表》，直接引导其从边门出站即可。

④受影响纪念票及长安通卡本次未刷出站，下次进、出站时车站对车票的处理：

· 乘客在非付费区：参照《BOM 补票详细操作》中"无出站记录"的情况对车票进行处理。

· 乘客在付费区：参照《BOM 补票详细操作》中"超时"的情况对车票进行处理。

（2）车站 TVM 全部故障或能力不足的票务处理程序

TVM 全部故障或能力不足时，由站长根据设备故障及客流情况，决定采取以下方式缓解客流：

1）售卖预制单程票。

2）售卖应急纸票。

在预制单程票将售完的情况下,若客流未有效缓解,上报站务分部副主任及以上人员,经批准后,开始售卖应急纸票,并上报控制中心行调;客流有效缓解后,车站恢复正常运作,上报站务分部副主任及以上人员,经批准后,停止售卖应急纸票,并上报控制中心行调。

(3)车站进站闸机全部故障或能力不足时的票务处理程序

1)发生车站上报控制中心行调,引导乘客从边门进站。

2)出站车站按《BOM 补票详细操作》中"无进站记录"的情况对车票进行处理,其他车票异常的处理参照《BOM 补票详细操作》的规定。

3)进站闸机恢复正常后,发生车站上报控制中心行调。

(4)车站出站闸机全部故障或能力不足时的票务处理程序

1)车站全部出站闸机故障

①单程票:引导乘客从边门出站,人工回收单程票并汇入当日站存车票,填写《车站车票库存日报表》。

②纪念票及长安通卡:引导乘客从边门出站,车站须告知乘客:下次乘车时,须到任意地铁车站票务中心扣除本次乘次/车费后,方可正常进站。

③无票的处理:引导无票乘客到车站票务中心按规定发售付费出站票并回收记入当天站存车票,引导乘客从边门出站。

④受影响纪念票及长安通卡本次未刷出站,下次进、出站时车站对车票的处理:

●乘客在非付费区:参照《BOM 补票详细操作》中"无出站记录"的情况对车票进行处理。

●乘客在付费区:参照《BOM 补票详细操作》中"超时"的情况对车票进行处理。

2)大客流情况下车站出站闸机能力不足时

①由站长根据车站客流及闸机使用情况,慎重上报站务分部主任及以上人员采用AFC 系统的"出站免检模式",经批准后,上报 AFC 车间兼职调度,申请下发"出站免检模式";当车站计算机与中央计算机断网时,经站务分部主任及以上人员批准后,上报 AFC 车间兼职调度,直接在车站计算机上进行模式设置。

●设置此模式的车站,出站闸机进入开放状态,不处理所有车票,乘客可直接出站。单程票人工回收并汇入当日站存车票,填写《车站车票库存日报表》。

●该模式下,车站须告知持计次票、纪念票及长安通卡的乘客本次乘次/车费将在下次进站时由进站闸机自动扣除。

②车站客流缓解后,站长上报站务分部主任及以上人员撤销"出站免检模式",经批准后,上报 AFC 车间兼职调度,申请撤销 AFC 系统"出站免检模式"。

(5)单个或部分车站两类 AFC 设备同时故障或能力不足时的票务处理程序

1)车站 BOM 全部故障与出站闸机全部故障或能力不足

①乘客在非付费区:对于本次无法正常进闸的乘客,引导乘客从边门进站,出站车站参照《BOM 补票详细操作》中"无进站记录"的情况对车票进行处理;其他车票异常的处理参照《BOM 补票详细操作》的规定。

②乘客在付费区:

• 单程票:引导乘客从边门出站,人工回收单程票并汇入当日站存车票,填写《车站车票库存日报表》。

• 纪念票及长安通卡:引导乘客从边门出站,车站须告知乘客:下次乘车时,须到任意地铁车站票务中心扣除本次乘次/车费后,方可正常进站。

• 对其他按规定需在 BOM 上发售付费出站票的乘客,按付费出站票的金额收取现金,填写《乘客事务处理表》,并引导乘客从边门出站。

③受影响纪念票及长安通卡本次未刷出站,下次进、出站时车站对车票的处理:

• 乘客在非付费区:参照《BOM 补票详细操作》中"无出站记录"的情况对车票进行处理。

• 乘客在付费区:参照《BOM 补票详细操作》中"超时"的情况对车票进行处理。

2)其余两类设备同时故障或能力不足时,同时启用两种对应的单类设备全部故障时的应急处理程序。

(二)AFC 系统瘫痪时的应急处理

AFC 系统发生瘫痪时,车站须上报站务分部副主任及以上人员,经批准后,开始售卖应急纸票,引导乘客从边门进、出站,并上报控制中心行调。AFC 系统恢复正常后,车站上报站务分部副主任及以上人员,经批准后,停止售卖应急纸票,并上报控制中心行调。

(1)非付费区:售卖应急纸票,对已购买单程票及持纪念票、长安通卡且已刷进站的乘客,引导其从边门进站。

(2)付费区:引导所有乘客从边门出站。

1)回收应急纸票。

2)回收单程票并汇入站存车票。

3)告知已刷进站的持纪念票及长安通卡乘客,下次乘车时,到任意地铁车站票务中心扣除本次乘次/车费后,方可正常进站。

(3)应急纸票的售卖和回收操作参照《票务管理办法》中"应急纸票使用规定"。

根据应急纸票的发售及客流情况,若有为保障安全和服务免费放行的需要,车站应及时上报客运部,由客运部上报分管副总经理,分管副总经理批准后,相关车站可免费让乘客走边门进站或出站。

3.5.4 大面积停电应急处置

人流密集的地下站发生大面积停电时容易造成乘客恐慌,严重的可能导致踩踏事故,现场处理的关键是及时提供应急照明和做好乘客安抚、引导工作。

车站发生大面积停电时,站务员需及时拿出应急灯,到关键区域,如楼梯、扶梯口、闸机口、出入口指引乘客出站,确保乘客安全。确认乘客疏散完毕,关闭出入口,并在出入口张贴停止服务的告示。恢复供电后,检查车站的服务设备,如扶梯、屏蔽门、AFC 设备等是否运作正常,恢复运营时,撤除停止服务的告示,打开出入口并引导乘客进站。

3.5.5　乘客伤亡应急处理

站务员在车站发现乘客伤亡时,需要及时在现场寻找两名以上目击证人,以方便随后的取证调查工作,如果乘客只是轻微受伤,要做好乘客安抚工作,如果受伤较为严重,应及时报车控室拨打120急救电话通过车站广播寻找医护人员,进行简单施救,等待救援人员到来。当发生电扶梯客伤时首先要尽快停止运行的扶梯(按下急停按钮),抢救伤员、安抚乘客,如果伤员比较严重,同时拨打120急救电话,将现场进行隔离,疏散围观乘客。同时做好现场保护和取证工作,协助专业人员调查故障和客伤原因。

3.5.6　电扶梯故障应急处置

当电扶梯出现故障时现场站务人员要停止扶梯的运行,使用隔离栏杆做好现场防护,禁止乘客使用。记录好故障现象,确认扶梯的位置(站内或出入口)及编号(几号扶梯)。将故障上报给维调,如果故障代码显示器显示正常,同时将扶梯故障代码上报给维调。电扶梯专业人员到达现场后,积极配合电扶梯人员的维修工作。经专业人员确认电扶梯可以使用后开启,撤除防护。

3.5.7　清客应急处置

因发生影响运营的突发事件导致列车无法继续载客运营,需将车站或列车上的乘客安全引导下车。站台岗接到列车清客的命令后,根据值班站长的指令上车协助清客;做好乘客解释和情绪安抚工作;接到列车在区间清客的命令后,立即打开备品间提供区间清客所需的备品;打开端墙门,配合值班站长进入区间疏散乘客。

3.5.8　乘客物品掉落轨行区的应急处置

地铁车站经常发生乘客物品坠落轨行区事件,可分为物品不影响行车和影响行车两种情况。如果物品不影响行车,站务员应立即安抚乘客,报告车控室物品不影响行车,告知乘客将在运营结束后下轨道拾取,请乘客第二日到车站领取,若物品影响行车,站务员立即按压紧停按钮。若乘客强烈要求立即拾回时,站台岗需汇报车控室行车值班员,值班员向行调报告后,经行调批准后下轨行区拾取物品,捡拾物品须迅速并保证安全,捡拾完物品后人员、工器具及时出清并报告车控室。

复习思考题

（1）屏蔽门设备的组成有哪些？

（2）多对屏蔽门不能正常关闭车站的操作程序是什么？

（3）电话闭塞及接发列车的互控要求是什么？

（4）简述电话闭塞法时请求闭塞及同意闭塞的时机。

（5）站台岗的服务技巧有哪些？

（6）乘客提出购票后票款有误时应如何处理？

（7）简述售票员作业标准。

（8）车站清点现金时发现非标准币应如何处理？

（9）日常消防巡视及消防器材检查的相关规定是什么？

（10）简述车站发生客伤时的处理技巧。

（11）简述 AFC 瘫痪时的应急处理。

（12）简述车站大面积停电的应急处理。

项目四　高级工理论知识及实操技能

任务 4.1　行车工作

4.1.1　人工排列进路

信号联锁功能故障时，列车运行进路需要车站人员现场人工排列，一般由车站值班站长带领一名站务员进入区间进行人工排列进路，值班站长对该项作业负责，站务员起协助、互控的作用，因此站务员也需要掌握人工排列进路的技能。

人工排列进路
教学视频

（一）作业前准备

车站接到需要人工排列进路的命令后，需要穿戴好防护用品（荧光衣、绝缘靴、绝缘手套），检查、清点需要携带的工具、备品。备品包括手摇把、钩锁器挂锁、挂锁钥匙、钩锁器、扳手、套筒、手持台、对讲机、信号灯、红闪灯、手电筒，办理地面上进路白天需携带信号旗。

（二）人工排列进路作业程序

车站明确需准备的进路后在相应端墙门处等候命令，确认行车值班员已开启隧道照明后，得到行车值班员允许后进入相应轨行区。排列进路时按照"由远及近"的原则依次排列进路。在现场轨行区人工准备进路时，红闪灯设置在来车方向轨道上（红闪灯吸在列车运行方向的右侧钢轨上），整条进路靠近来车方向第一幅道岔尖轨尖端最外方（顺向为警冲标外方）适当位置（正线原则上不少于 5 m，场段内原则上不少于 10 m）。转换道岔时需双人操作，共同防护、确认，手摇道岔按照"六部曲"进行操作：

一看：看道岔开通位置是否正确，是否需要改变位置。

二开：断开转辙机安全节点，打开转辙机盖孔板。

三摇：手摇道岔转向到所需要的位置，在听到"咔嚓"的落槽声后停止。

四确认：面向尖轨眼看手指口呼："××号道岔，尖轨密贴开通×位"，并和另一人共同确认。

五加锁：双人确认道岔位置开通正确后，用钩锁器锁定道岔尖轨。

六汇报：单幅道岔作业完毕后，向车控室（信号楼）汇报道岔开通位置。

（三）钩锁道岔操作规范

（1）确认道岔尖轨密贴。

（2）把钩锁器的转动紧固装置调整至合适位置。

（3）道岔加锁位置在规定的红色标记处。

（4）对准钩锁器，使钩锁器顶部勾住钢轨底部。

（5）左手按住钩锁器顶部，右手调整钩锁器扣件使其勾住另一侧钢轨底部。

（6）转动紧固装置，使其紧固扣件。

（7）用专用扳手将钩锁器拧紧并加锁。钩锁器锁好后可以用脚用力踩的方式观察是否有移动位置，没有移动则已经锁好。

（四）道岔开通位置判断

（1）左、右位：面向道岔尖轨，若尖轨与左侧基本轨分离，则开通左位；若尖轨与右侧基本轨分离，则开通右位，如图4-1所示。

（2）定、反位：道岔通常的调定位置为定位；反之为反位。

（3）直股、曲股：道岔开通方向在直线方向为直股；道岔开通方向在曲线方向为曲股。

（五）进路确认及汇报

进路排列完成后，需要双人确认整条进路准备妥当；撤除安全防护、人员出清至安全位置。整条进路办理完毕、人员工具出清线路后报车控室。

（六）安全注意事项

在加钩锁器时尽量不要让钩锁器触碰到转辙机的框架及相关的连杆结构，以免引起"打火花"现象。挂锁的钥匙插孔要远离钢轨扣件（开口销），防止加锁后无法用钥匙

图4-1　道岔结构图

打开锁。进入轨行区人员必须按照要求穿戴防护用品，行走时注意脚下安全，防止滑倒、摔伤。

4.1.2　电话闭塞法行车组织

（一）错误发出行车凭证的处理

（1）列车已安全到达前方站，则汇报行调，该凭证收回，继续按规定办理接发列车作业。

（2）列车尚未动车，则车站立即发出停车手信号进行防护，通知该列车司机取消闭塞，列车原地待令，确认无误后，收回错误凭证，画"×"作废，重新办理闭塞手续，司机凭正确的行车凭证行车，并及时报行调。

（3）列车已动车且未到达前方站，车站发现后第一时间联控司机立即停车，同时报告行调，按照行调指令作业。

(二)取消闭塞的规定

(1)已办妥闭塞因故不能接车或发车,需要取消闭塞时,如果列车尚未动车时立即与司机联控并发出停车手信号进行防护,通知该列车司机取消闭塞,列车原地待令,确认无误后,提出的一方发出的电话记录号作为取消闭塞的依据,并须及时报行调;发车手信号一旦发出或列车已经启动,原则上不能取消闭塞。

(2)特殊情况下列车出发后途中退回发车站时,由发车站发出电话记录号作为取消闭塞的依据,并须及时向行调报告。

(3)取消电话闭塞法相关规定。

(4)行调确认设备已恢复正常并测试完毕后,方可取消闭塞。

(5)取消电话闭塞法时,行调应先向车站发令,发令完毕后再向司机发令。每日运营结束,所有电客车出清相应联锁区后,则该联锁区电话闭塞法自行取消。

(三)取消电话闭塞法行车命令发布后的处理

(1)取消电话闭塞法行车命令发布后,列车尚未发车时,车站应收回路票,画"×"注销。

(2)当行调通知取消电话闭塞法时联锁功能又出现故障,行调再次通知继续使用电话闭塞法组织行车时,车站应回收已交给司机的路票取消本次闭塞,重新再办理闭塞手续。

任务 4.2　服务工作

4.2.1　处理乘客投诉技巧

(一)乘客投诉分类

(1)按乘客投诉内容,可分为对员工服务态度的投诉、对设施设备的投诉、对公司政策的投诉。

(2)按乘客投诉方式,可分为来信投诉、电话投诉、口头投诉、媒体上投诉。

(3)按乘客投诉信息来源,可分为本部门接受的投诉和上级转发的投诉。

(二)投诉的处理原则

(1)乘客投诉的调查处理工作要及时、客观、公正,坚持自我分析为主。

(2)处理乘客投诉按"四不放过"原则,即投诉原因分析不清不放过、责任人和其他员工没有受到教育不放过、没有制订防范整改措施不放过、领导责任没有追究不放过。

(三)处理投诉的方法

(1)对设施设备进行投诉时的处理方法

车站员工按规定先查看设备,如设备正常向乘客说明当时设备状况和自己处理权限,争取乘客理解,如乘客不满意时值班站长请乘客到会议室并在相关台账上记录事情经过,并让乘客签名确认。向乘客说明因车站无法处理,会将此事交由公司相关部门处理,查询电话为客服中心电话。如乘客要求答复期限,则告诉乘客将在三天内答复并在投诉处理单上注明。事后马上将事情经过传真客服中心,并将此事交班。

(2)当乘客对公司政策进行投诉时的处理方法

员工向乘客解释此为公司政策规定,作为公司员工必须按政策操作,无权改变公司政策,希望乘客谅解。如乘客不满意可建议乘客向客服中心反馈意见或由值班站长在《乘客意见卡》上记录乘客的建议。乘客提建议后值班站长要多谢乘客的宝贵建议并说明车站会马上向上级部门反馈。将乘客投诉内容电话向客服中心反馈。

(3)当乘客对员工服务态度进行投诉时的处理方法

车站员工接到乘客对员工服务态度的投诉时马上报车站值班站长。值班站长接报后马上到现场。如经调查,确认员工无责任,要耐心向乘客解释,争取乘客谅解。如经调查,确认员工有责任,值班站长对当事员工进行教育并根据乘客要求对乘客进行道歉,并请求乘客谅解。

(4)当乘客向你进行投诉时的处理方法

当乘客向任何岗位的车站员工投诉时,车站员工要面向乘客回答,不能背对乘客。如自己无法处理或工作忙时,马上报值班站长处理,并礼貌地向乘客说明"请稍候,车站负责人会来解决此事"。值班站长接报后要在 2 min 内到现场。如乘客在投诉后离开,员工要马上将事情报值班站长。值班站长调查此事员工是否有责任,如无责任马上报客服中心说明此事,如有责任车站报分部网络负责人并将调查报告上交。

(5)当乘客无理取闹或进行无理投诉时的处理方法

乘客无理取闹时,当事员工报值班站长,保持克制不与乘客进行争执对骂并保护自己,防止乘客打人。值班站长到场后让当事员工回避,对乘客要以理服人,并防止过多乘客围观。如乘客打了员工,值班站长寻找目击证人,报公安乘客打人,并将乘客送公安处理。

4.2.2　化解投诉的常用技巧

(一)聆听

聆听是服务的第一步,也是关键的一步。当乘客投诉时,聆听可以让乘客宣泄不满,可以让员工了解乘客的需求与不满,为处理投诉奠定基础。乘客讲出来的问题可能只是"冰山一角",乘客不愿意说或者不方便说的可能才是他投诉的真正原因。面对乘客的投诉,要懂得听"弦外之音",耐心引导乘客将他真正的不满讲出来,才能"对症下药"。

(二)提问

行之有效的是"漏斗式"的提问,通过提问,将乘客的不满一步步锁定在更小的范围,最终针对一个点提供乘客满意的解决方式。这个过程需要提问者思路清晰,逻辑性强,如果毫无逻辑地发问,会始终问不到重点,耽误时间,可能更加引起乘客不满。提问分开放式的和封闭式的问题。在提问初期,适合用开放式的问句,之后为了控制时间和锁定问题关键,适宜用封闭式的问句。

(三)管理乘客的期望值

乘客的有些要求是员工无法满足的,对此,可先对乘客的心情表示理解,然后解释自己工作的权限,最后提供自身可以提供的解决途径给乘客。其实对于这一点,车站在处理乘客投诉过程中也在应用,当乘客真正相信你没有权限满足他的要求时,基本上会接受"退而求其次"的解决办法。

(四)其他注意事项

不要指责乘客,不要将过错归咎于乘客(即便真的是乘客的错),不要揭乘客的短。当乘客发泄时,不要打断他,不要急于辩解,微笑而视,表现出对他的问题很重视、很关注。对乘客的问题不要有先入为主的判断,不要以一个专业人士的眼光看待、判断乘客的问题,要站在"门外汉"的角度聆听、理解乘客的问题。

任务 4.3　安全知识

4.3.1　车站消防档案的建立与管理

消防安全重点场所应当建立健全消防档案,并附有必要的图表,根据情况变化及时更新。《消防安全档案》内容主要包括消防安全基本情况、消防安全组织架构及人员组成、消防设施、装备及器材档案(包括灭火器箱台账、消火栓台账、消防装备台账、疏散指示标志档案、应急照明档案、消防电话区域对照表、气瓶设施分布情况、车站消防器材示意图、车站外水泵接合器示意图)、消防控制室管理及应急程序、消防重点部位及控制措施、灭火、疏散相关预案、建筑消防设施检测和电气消防安全技术检测报告、消防安全相关制度规定。

车站建立消防安全管理文件盒,主要包括"一档案五台账"。"一档案"是指消防安全档案,"五台账"包括《车站消防、综治巡查记录本》《消防控制室值班记录本》《消防装备及器材维修、保养、更换台账》《动火作业登记/统计本》《火灾情况记录本》。

值班站长需定期对"一档案五台账"进行检查,当车站人员调动或部分员工参加消防培训取得消防安全管理证后及时更新消防安全档案,查看五台账是否齐全。

任务 4.4　突发事件的应急处置

4.4.1　火灾、爆炸、毒气袭击疏散处理

轨道交通车站是人流密集场所,空间狭窄且疏散不便,发生火灾、爆炸、毒气袭击等紧

张事件时对乘客人身安全威胁很大,发生这类情况时对站务员岗位有三项关键要求,即会初期处理(扑救火灾、救助伤者)会组织疏散、会逃生。

车站发生火灾、爆炸、毒气袭击等直接伤害人身安全的事件时,站务员要立即到达现场岗位,及时报告信息做好自身防护后,在火灾发生前 5 min 关键期尽量扑救,若有伤者立即救助其离开危险区域并简单施救,车控室发布紧急疏散命令后,站务员要立即疏散周边乘客,确认现场设备已经开启了相应火灾模式,确认闸机打开,电扶梯、液压梯或升降机关闭等,当火灾不可控时,按照车控室安排逃生。

4.4.2 车站发现可疑物品的应急处置

地铁车站内时常会遇到无主物品,一般为乘客大意遗留或有意丢失,但也有可能是犯罪分子放置的危险物品,故对车站范围内的可疑物品,值班站长须保持高度的敏感性,严格按照可疑物品应急预案处理,切不可麻痹大意,延误处理时机,造成人身、财产损害。

当值班站长接到发现无人看管物品的信息后,立即赶赴现场,无法判断为可疑物品时,应先组织人员隔离现场,疏散围观的乘客,待驻站民警到达现场后,由车站协助其打开物品进行检查,与驻站民警做好沟通,及时将现场情况通知车控室,根据驻站民警现场处置情况,做好清客关站的准备工作;需要时,按驻站民警要求报告行调,经行调同意后执行关站程序,在出入口张贴服务告示,驻站民警处理完毕,通知车控室组织各岗位恢复正常运营。

4.4.3 车站清客的应急处置

当地铁运营线路因发生影响运营的突发事件导致列车无法继续载客运营,需将车站或列车上的乘客安全引导下车时,值班站长应遵循"在列车一端发生爆炸、火灾等突发事件时,组织乘客往另一端疏散;若发生在列车中部时,组织乘客向两端疏散;列车部分在站台时,由车门对应滑动门或应急门对应的车门清客"的原则进行清客工作。

值班站长得知列车站台清客的信息后,按照行调指令,组织站务员引导乘客安全撤离列车;组织站务员做好乘客解释与服务工作,降低投诉率;确认列车清客完毕后联控司机,向司机显示"好了"信号。

值班站长得知列车区间清客的信息后,按照行调指令,组织站务员穿好荧光服,携带手提广播、照明灯(应急灯)、对讲机(手持台、手机)等进入区间,前往列车停留位置,引导乘客安全撤离到站台;火灾情况下需携带空气呼吸器防烟面具,消防毛巾;安排保安在车站端墙处接应从区间里疏散来的乘客;区间有渡线存车线时,安排人员在道岔处引导,指引乘客按正确的疏散方向逃生;疏散完毕后按原路返回,值班站长负责确保乘客及工作人员全部安全到达站台,确认线路出清后报告行调;值班站长确认线路出清后,报告行调线路已出清。

4.4.4 车站停电的应急处置

当车站动力照明系统发生故障，造成车站设备设施停电时，值班站长通知行车值班员广播宣布执行停电应急处理程序，指令各岗位人员执行疏散计划，安排员工检查电梯是否困人，接到启动公交接驳的命令后启动公交接驳，接到列车在区间乘客疏散的通知后启动区间疏散乘客应急处理程序，确认站台乘客疏散完后到站厅确认疏散情况，确认全站乘客疏散完后报车控室，接到关站指令后，确认乘客疏散完毕后指令关闭车站，并报行调，并做好车站巡视，接到恢复运营的通知后，组织车站各岗位恢复正常工作。

4.4.5 车站现金、车票等有价证券被劫的应急处置

地铁车站的票务管理室、票亭及自动售票机内存放有大量的现金及有价证券，在售票员交接班、离开票亭，客运值班员对 AFC 设备补币、售票员在临时票亭售票等时段可能发生车站现金、车票等有价证券被劫，影响车站正常运营，严重时导致人身伤害，故车站的应急处理及灵活处置十分重要。

当发生现金及车票等有价证券被劫持时，值班站长接报后第一时间赶往事发地点，根据现场情况做好应急处置，组织车站员工、保安保持冷静，拖延时间，见机行事。公安人员到达现场后，现场听从公安人员指挥，并应组织车站员工保护好现场，疏导围观乘客，并做好保密工作，以免产生不良影响并配合公安部门做好被盗被抢事件调查。

4.4.6 乘客物品掉落轨行区的应急处置

随着线网客流的不断增加，乘客物品掉落轨行区的事件时有发生，当发生此类事件时，值班站长接到通知后第一时间判断是否影响行车安全。

若判断物品可能会影响行车安全，通知站台岗立即按压紧急停车按钮并做好安全防护，并通知车控室，经行调同意后进入轨行区捡拾，捡拾过程中车站应告知乘客须全程在站台物品掉落对应的屏蔽门处对捡拾过程进行监控，并告知乘客由于隧道风压、列车运行、站台高度等原因，掉落轨行区的物品有损坏的可能，让乘客做好心理准备，若有问题，车站概不负责；如乘客要求一同下轨行区捡拾物品，车站向行调报告，行调同意后方可带领乘客一同进入轨行区，出清线路后，向行调报告，物品已取回，线路已出清，得到行调允许后，恢复紧急停车按钮，取消紧停。

若判断物品不影响行车安全时，原则上待运营结束后进行处理。

4.4.7 电梯困人的应急处置

当车站直梯困人时，值班站长立即到达现场，首先确认电梯目前停留的位置、被困乘

客的人数、乘客是否存在异常情况等；专业人员未到达现场前，应在困人电梯处摆放铁马或隔离栏杆，并引导正在等待直梯的乘客乘坐电扶梯或楼梯，避免乘客围观。

电梯在平层的情况下，在专业人员未到达现场前，若值班站长持电梯安全管理证，应尝试用电梯专用钥匙打开轿厢门。若轿厢门打开，立即疏散被困人员并做好安全防护，等待专业人员到达后对电梯进行全面检查维修，确认故障修复后，方可投入使用；若轿厢门无法打开，安排人员安抚被困人员，并告知被困人员不得擅自扒门，等待专业人员到达后组织实施救援。

电梯在非平层的情况下，安排人员安抚被困人员，并告知被困人员不得擅自扒门，等待专业人员救援，以防救援困难增大。

专业人员到达现场后，由专业人员进行设备故障处理及抢修工作，若专业人员确认无法处理电梯故障时，行车值班员应立即报119，详细说明事件情况并告知是否需要携带破门设备。被困乘客解救出来后，车站值班站长对乘客进行安抚，并当面致歉，取得乘客的谅解。经专业人员确认电梯故障处理完毕，状态良好，由专业人员开启直梯，确认可以正常投入使用时，撤除铁马或隔离栏杆，恢复正常。

4.4.8　恶劣天气下车站应急处置

地铁线网点多线长，线网将逐步覆盖整个城市，容易受到自然灾害和气象的影响，如地下线路位置低，排水能力有限，容易受洪水、暴雨积水影响，地面及高架线路易受台风、大雾、地震等恶劣气象影响，当遇到恶劣气象时，值班站长应组织好本站各岗位，充分调度各类资源，优先保证乘客人身安全，及时抢险，尽量保护设备，尽可能维持运营。

在发生灾害时应迅速、准确地向控制中心报告现场情况，给控制中心提供决策依据，及时请求支援，现场处理时应采取有效措施控制事态，尽量减小损失，防止次生灾害的发生。当灾害影响乘客出行时，根据灾害和气象情况做好乘客服务工作。

4.4.9　接触网异物应急处置

地铁车辆需通过接触网取电，但由于外部环境影响，接触网设备上悬挂异物或异物侵入设备限界，可能造成行车安全事故。

若电客车在站台停车，且异物不影响电客车运行的，待本列电客车出清站台后再组织处理；若电客车在站台停车，且异物影响电客车运行的（在电客车前方进路上或车顶上等），通知司机停车待令，组织车站人员进行异物处理；若在电客车顶上无法处理的，值班站长向行调汇报具体情况，司机根据行调命令动车，由车站或专业人员现场处理；若电客车尚未进站，车站立即按压紧急停车按钮或采取其他安全措施，阻止电客车进入站台。

若发现异物与接触网没有缠在一起，车站或专业人员穿戴防护用品（绝缘靴、绝缘手套、荧光衣等）后，使用专用绝缘工具将其拨到尽可能远离接触网处，取走异物，确认线路出清,报告行调;若发现异物与接触网缠在一起,使用专用绝缘工具不能将异物拨离接触网的,由接触网专业申请停电、接挂地线,并将异物取走。

4.4.10　车站防踩踏应急处置

（一）车站易聚集乘客造成拥堵的位置

车站易造成拥堵的位置有 TVM 处、进出闸机处、站厅楼梯/电扶梯处、站台楼梯/电扶梯处、乘客上下车时、站台等,楼梯/电扶梯是站内发生乘客摔倒事件的高危点,大客流时易发生拥堵。车站内各场所防踩踏措施见表4-1。

表 4-1　车站内各场所防踩踏措施

序号	可能发生踩踏的位置	防踩踏措施	图　示
1	在 TVM 处	(1) 在 TVM 处安排志愿者、保安引导乘客购票; (2) 在节假日或大客流期间,TVM 处摆放铁马,分隔过街客流与购票客流	
2	进、出闸机处	(1) 安排人员进行引导; (2) 车站值班站长、客运值班员须巡视站厅,发生问题及时到现场处理	
3	在站厅楼梯处	(1) 在楼梯口安排志愿者、保安引导乘客; (2) 车站值班站长、客运值班员必须在现场,重点关注楼梯处,进行客流引导疏散; (3) 扶梯口增加广播提示,提醒乘客勿在扶梯口逗留	

序号	可能发生踩踏的位置	防踩踏措施	图 示
4	乘客扶梯处摔倒出现拥堵	(1)安排人员在扶梯处进行引导; (2)发生乘客摔倒事件时提醒乘客握好扶手,迅速关闭电扶梯; (3)值班站长、客运值班员迅速到现场处理客伤; (4)维持现场秩序,疏散围观乘客,避免摔倒事件演变为踩踏事件; (5)车控室做好客流引导广播	
5	乘客上下车摔倒出现拥堵	(1)站台岗日常加强引导,促使乘客形成排队候车的习惯; (2)车控室定期播放排队候车、先下后上广播; (3)出现乘客拥挤摔倒,站台岗第一时间赶赴现场,同时通知值班站长、司机,维持现场秩序,引导乘客从其他车门上、下车; (4)值班站长、客运值班员迅速到现场处理客伤; (5)及时疏散人群,避免摔倒事件演变为踩踏事件	
6	站台大客流	(1)安排志愿者、保安引导乘客排队候车; (2)在站台扶梯两侧摆放铁马,引导客流形成有序走向; (3)当乘客连续3趟上不了车时,车站申请加开列车; (4)利用广播引导乘客换乘; (5)行车值班员通过 CCTV 加强对站台客流的监控	

(二)发生踩踏后报告内容

踩踏事件发生时间、地点;事件发生的主要原因;事件造成的危害程度、影响范围、伤亡人数及已采取的措施;报告人单位、姓名、岗位;现场人员认为有必要报告的情况。

(三)发生踩踏后报告程序(见图 4-2)

信息报告要求:车控室监控发现或接到有关在车站范围内踩踏事件的信息或报警后,应立即上报信息,报送信息必须客观、真实、准确、及时,在事件发生一段时间内,要连续上报事件应急处置的进展情况及有关内容。生产调度接到信息后立即报告部门应急领导小组成员,并报送安保部。

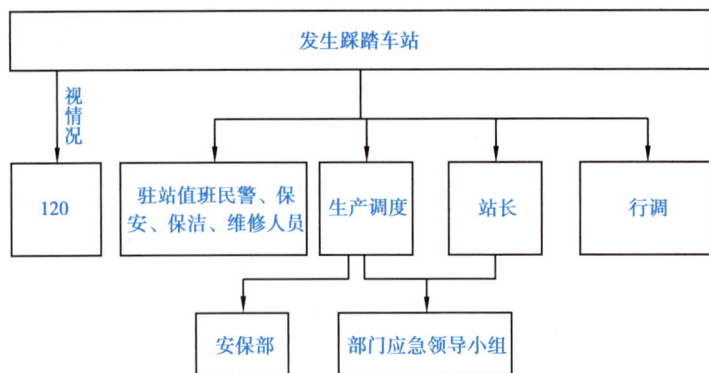

图 4-2　踩踏事件发生后信息报告程序图

踩踏造成客伤后车站按照客伤流程上报相关单位,具体参照《客伤日常管理规定及现场处理指导意见》执行。

(四)防踩踏人员安排及工作职责(见表 4-2)

表 4-2　防踩踏人员安排及工作职责

岗位	工作位置	人数	工作职责	需携带的备品
TVM 引导	TVM 处	3	南边 TVM 处 2 人,北边 TVM 处 1 人	对讲机 2 个
扶梯	站厅、站台	4	站台至站厅扶梯处上、下各安排一名人员进行客流引导,扶梯上方人员主要负责及时疏散扶梯口乘客,避免乘客长时间在扶梯处逗留,发生踩踏事件	腰麦 4 个
闸机	进、出站闸机	3	进站闸机处使用特殊工作卡为未进站乘客刷进站。出闸机处主要引导乘客快速出站,在北闸出站人员较多时,启用栏杆,将乘客分流组织出站以 B、D 口出站为主	腰麦 3 个
站台	站台	2	上、下行各指定 1 人为区域负责人,负责上、下行站台接发列车,发生异常情况处理完毕后向司机显示"好了"信号,确保列车正常运行。另外安排两名员工在上行另外一端进行客流的引导。维持好站台乘客秩序,加强巡视和广播,第一时间将站台乘客动态报告车控室,防止车门/屏蔽门夹人	对讲机 2 个、腰麦 2 个、屏蔽门钥匙
出入口	通道至出入口	4	A、B、D 口各安排 1 名负责人、1 名协助人员。在客流增大时利用铁马进行进出站客流的区分。分别在通道、扶梯上、下进行引导	对讲机 4 个、喊话器 4 个

(五)发生踩踏事件后车站应急方案

车站发生踩踏紧急事件后,应立即组织乘客疏散,同时还应该按照《车站发生伤亡事件应急处理程序(试行)》执行。

车站应急处理:踩踏现场处理完毕后,现场安全可控后,车站配合地铁公安、部分做好事件现场的调查工作,做好现场保护,至少寻找 2 名目击证人。车站根据上级指示清理现场、检查服务类设备状态,将现场情况上报行调,恢复正常运营,见表4-3。

表4-3 车站发生踩踏事件应急处理

值班站长	行车值班员	其他岗位
(1)接到车站发生踩踏事件的通知后,第一时间通知各岗位,宣布执行车站发生踩踏事件应急处理程序; (2)安排相关岗位采取出入口(通道、进站闸机口等)限流措施; (3)携带对讲机、药箱、DV、手机赶赴现场组织处理; (4)将事发现场用铁马、伸缩栏杆进行围挡隔离; (5)对受伤乘客伤口进行包扎、安抚乘客; (6)寻找目击证人,记录联系方式,疏散围观乘客; (7)地铁公安到达后与地铁公安一起处理; (8)上级领导到达后,听从上级领导指挥,做好善后处理工作	(1)接到发生踩踏事件后第一时间对现场进行监控; (2)立即通知值班站长,报告行调、站长、生产调度、地铁公安,并通知保安、保洁、驻站人员现场支援; (3)发生人员受伤时按客伤程序汇报; (4)根据值班站长指令通知相关岗位做好限流引导客流; (5)按照先上报、后续报的原则,做好内外沟通协调工作; (6)必要时报告120、安排人员在出入口等待120工作人员的到来	(1)根据值班站长指令在相应位置做好限流、客流控制、疏导措施; (2)协助值班站长停用设备、设置隔离栏杆、救助伤员、疏散围观乘客; (3)协助值班站长做好现场取证,寻找目击证人; (4)到指定的出入口等待120急救车,将急救人员带到事发现场; (5)维持正常运营秩序,应急事件结束后恢复正常运营工作

任务 4.5　特殊情况下的票务应急处理

4.5.1　列车晚点的票务处理流程

车站接到控制中心行调发布列车晚点的通知后,对从延误列车上下来导致车票超时的乘客:单程票引导乘客从边门出站,人工回收单程票并汇入当日站存车票,填写《车站车票库存日报表》;纪念票及长安通卡引导乘客到车站票务中心进行免费超时更新,填写《乘客事务处理表》,乘客从闸机出站;车站对于其他车票异常的处理,按《BOM补票详细操作》的规定正常办理。

非付费区已购票的乘客要求退票时,车站根据现场情况办理即时退票,或告知乘客可在七日内(指从特殊情况发生当日起计七日内,以下同)到任意地铁车站持该票退票。

付费区本站进站乘客要求取消乘车时的处理:单程票引导乘客从边门出站,车站根据现场情况办理即时退票,或告知乘客可在七日内到任意地铁车站持该票退票;计次纪念票引导乘客从边门出站,车站根据现场情况办理即时退款(按购票金额折算成一次乘次的金额,采用四舍五入,以下同)或告知乘客可在七日内到任意地铁车站办理退款;定值纪念票、长安通卡引导乘客从边门出站,车站根据现场情况办理即时免费更新或告知乘客可在七日内到任意地铁车站办理免费更新。

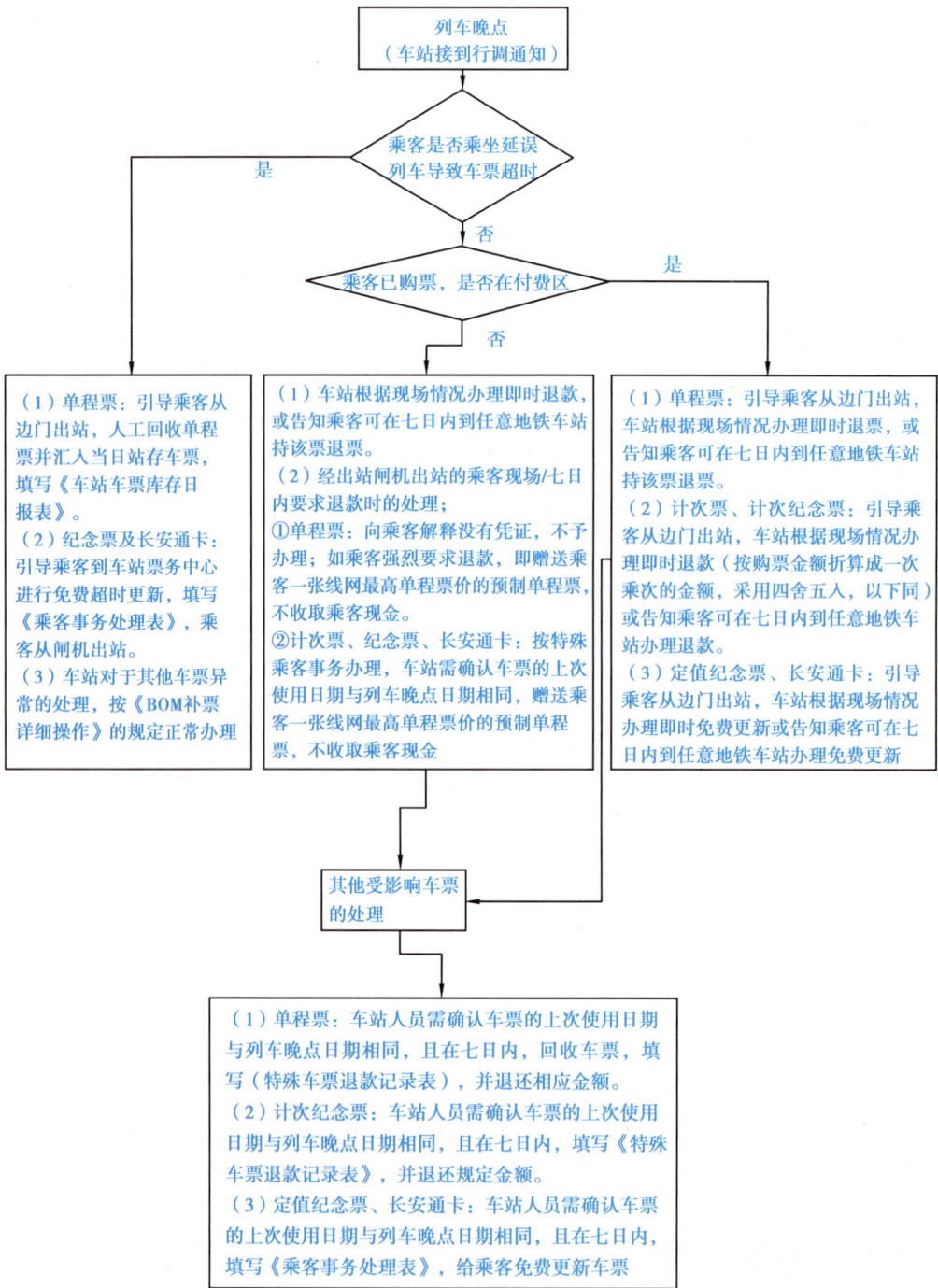

列车晚点
(车站接到行调通知)

乘客是否乘坐延误列车导致车票超时

是

否

乘客已购票,是否在付费区

是

否

（1）单程票:引导乘客从边门出站,人工回收单程票并汇入当日站存车票,填写《车站车票库存日报表》。
（2）纪念票及长安通卡:引导乘客到车站票务中心进行免费超时更新,填写《乘客事务处理表》,乘客从闸机出站。
（3）车站对于其他车票异常的处理,按《BOM补票详细操作》的规定正常办理

（1）车站根据现场情况办理即时退款,或告知乘客可在七日内到任意地铁车站持该票退票。
（2）经出站闸机出站的乘客现场/七日内要求退款时的处理;
①单程票:向乘客解释没有凭证,不予办理;如乘客强烈要求退款,即赠送乘客一张线网最高单程票价的预制单程票,不收取乘客现金。
②计次票、纪念票、长安通卡:按特殊乘客事务办理,车站需确认车票的上次使用日期与列车晚点日期相同,赠送乘客一张线网最高单程票价的预制单程票,不收取乘客现金

（1）单程票:引导乘客从边门出站,车站根据现场情况办理即时退票,或告知乘客可在七日内到任意地铁车站持该票退票。
（2）计次票、计次纪念票:引导乘客从边门出站,车站根据现场情况办理即时退款(按购票金额折算成一次乘次的金额,采用四舍五入,以下同)或告知乘客可在七日内到任意地铁车站办理退款。
（3）定值纪念票、长安通卡:引导乘客从边门出站,车站根据现场情况办理即时免费更新或告知乘客可在七日内到任意地铁车站办理免费更新

其他受影响车票的处理

（1）单程票:车站人员需确认车票的上次使用日期与列车晚点日期相同,且在七日内,回收车票,填写(特殊车票退款记录表),并退还相应金额。
（2）计次纪念票:车站人员需确认车票的上次使用日期与列车晚点日期相同,且在七日内,填写《特殊车票退款记录表》,并退还规定金额。
（3）定值纪念票、长安通卡:车站人员需确认车票的上次使用日期与列车晚点日期相同,且在七日内,填写《乘客事务处理表》,给乘客免费更新车票

图 4-3 列车晚点的票务处理流程

受影响单程票在七日内退票时,车站需确认车票的上次使用日期与列车晚点日期相同,且在七日内,回收车票,填写《特殊车票退款记录表》,并退还规定金额;受影响计次纪念票在七日内退款时,车站人员需确认车票的上次使用日期与列车晚点日期相同,且在七日内,填写《特殊车票退款记录表》,并退还规定金额;受影响定值纪念票、长安通卡在七日内免费更新时,车站人员需确认车票的上次使用日期与列车晚点日期相同,且在七日内,填写《乘客事务处理表》,给乘客免费更新车票。

付费区经出站闸机出站的乘客现场/七日内要求退款时,单程票向乘客解释没有凭证,不予办理;如乘客强烈要求退款,则赠送乘客一张线网最高单程票价的预制单程票,不收取乘客现金;纪念票、长安通卡,车站需确认车票的上次使用日期与列车晚点日期相同,赠送乘客一张线网最高单程票价的预制单程票,不收取乘客现金。

4.5.2　列车越站的票务处理流程

车站接到控制中心行调发布列车越站的通知后,对从越站列车上下来的乘客,须告知其乘坐反方向列车回到目的车站,如需从本站出站,则按照以下程序处理:

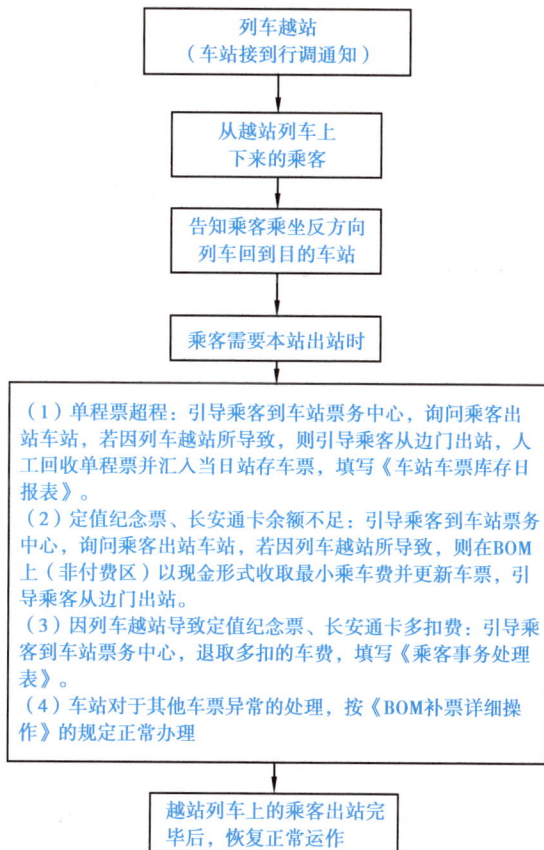

图 4-4　列车越站的票务处理流程

单程票超程时,引导乘客到车站票务中心,询问乘客出站车站,若因列车越站所导致,则引导乘客从边门出站,人工回收单程票并汇入当日站存车票,填写《车站车票库存日报表》;定值纪念票、长安通卡余额不足时,引导乘客到车站票务中心,询问乘客出站车站,若因列车越站所导致,则在 BOM 上(非付费区)以现金形式收取最小车程费并更新车票,引导乘客从边门出站;因列车越站导致定值纪念票、长安通卡多扣费:引导乘客到车站票务中心,退取多扣的车费,填写《乘客事务处理表》。

车站对于其他车票异常的处理,按《BOM 补票详细操作》的规定正常办理。

4.5.3 运营故障需清客的票务处理流程

车站接到控制中心行调发布运营故障需在该站清客的通知后,对从故障列车上下来的乘客的处理:单程票引导乘客从边门出站,单程票不回收。车站根据现场情况办理即时退票,或告知乘客可在七日内到任意地铁车站持该票退票;纪念票及长安通卡引导乘客从边门出站,车站根据现场情况办理即时退款/免费更新或告知乘客可在七日内到任意地铁车站办理退款/免费更新。

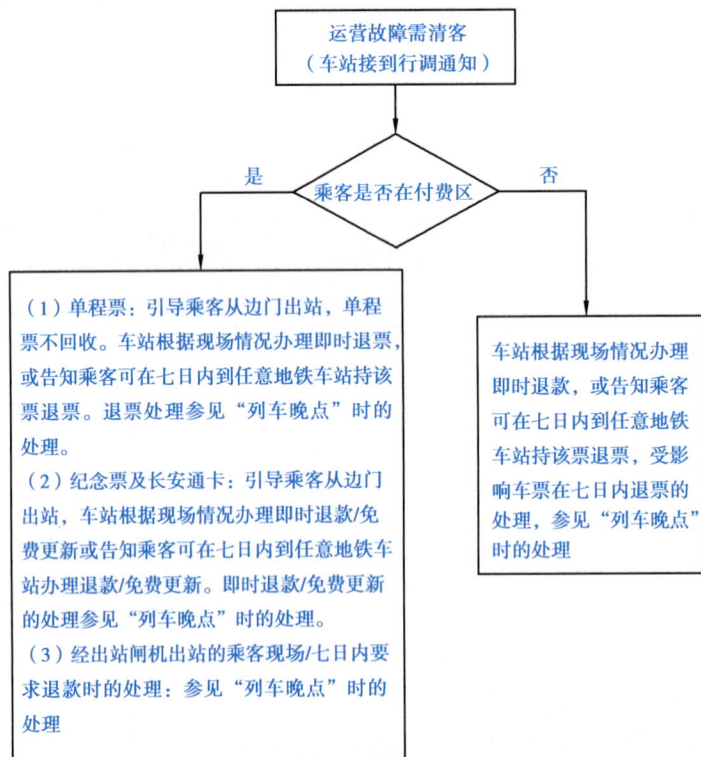

```
        ┌─────────────────────┐
        │    运营故障需清客      │
        │ (车站接到行调通知)     │
        └─────────────────────┘
                   │
                   ▼
         是   ◇乘客是否在付费区◇   否
        ┌──────┘              └──────┐
        ▼                            ▼
```

（1）单程票:引导乘客从边门出站,单程票不回收。车站根据现场情况办理即时退票,或告知乘客可在七日内到任意地铁车站持该票退票。退票处理参见"列车晚点"时的处理。

（2）纪念票及长安通卡:引导乘客从边门出站,车站根据现场情况办理即时退款/免费更新或告知乘客可在七日内到任意地铁车站办理退款/免费更新。即时退款/免费更新的处理参见"列车晚点"时的处理。

（3）经出站闸机出站的乘客现场/七日内要求退款时的处理:参见"列车晚点"时的处理

车站根据现场情况办理即时退款,或告知乘客可在七日内到任意地铁车站持该票退票,受影响车票在七日内退票的处理,参见"列车晚点"时的处理

图 4-5　运营故障需清客的票务处理流程

4.5.4 车站运能不足时的票务处理流程

当车站实际客运量远远大于列车可提供的运能而出现"运能不足"时,若乘客在非付费区,对未购买单程票或持其他车票未刷进站的乘客,告知乘客车站运能不足,引导乘客出站并向乘客做好解释工作;对已购票还未进站的乘客,告知乘客车站运能不足,视现场情况给乘客退票或告知乘客七日内到任意地铁车站持该票退票,并按规定填写《特殊车票退款记录表》。

若乘客在付费区,持单程票的乘客,对已刷进站但要求取消乘车的乘客,车站人员引导乘客去票务中心,视现场情况给乘客退票或告知乘客七日内到任意地铁站持该车票退票,并按规定填写《特殊车票退款记录表》;对持长安通卡、纪念票已刷进站要求取消乘车的乘客,车站人员引导乘客去票务中心,车站人员视现场情况给乘客车票进行免费更新或告知七日内对到任意地铁站进行车票免费更新,并按规定填写《乘客事务处理表》;对于其他超时、超程等问题车票按《BOM补票详细操作》有关规定进行处理。

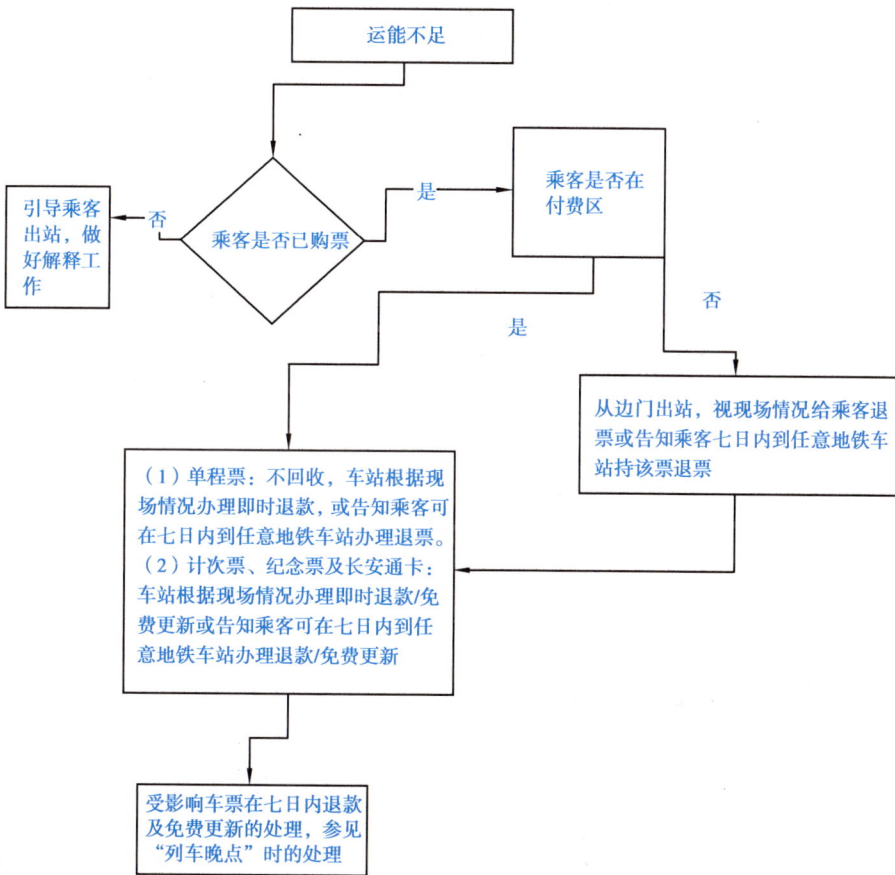

图 4-6 车站运能不足时的票务处理流程

4.5.5 启动公交接驳时的票务处理流程

车站接到控制中心行调发布启用公交接驳的通知后,车站引导非付费区已购票乘客及付费区乘客从边门出站并到相应出入口搭乘免费接驳公交车。

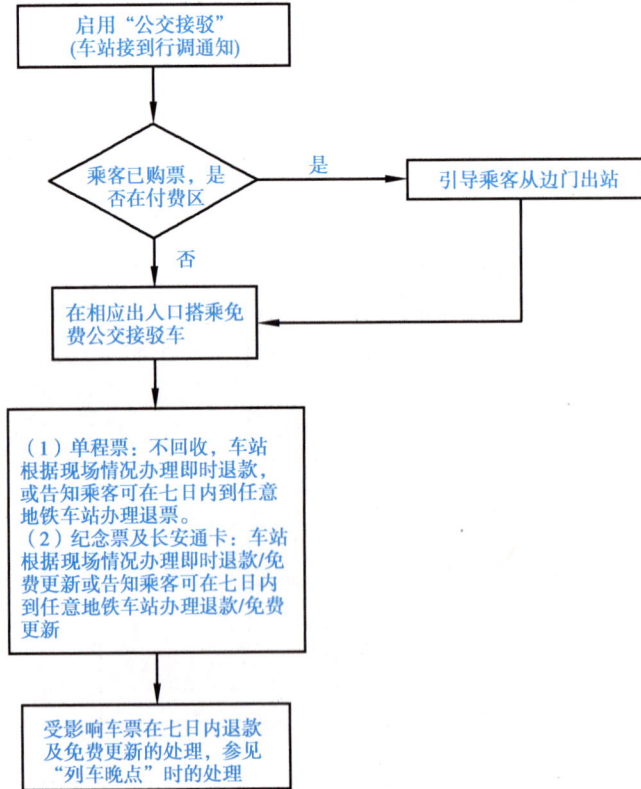

图 4-7 启动公交接驳时的票务处理流程

复习思考题

(1)人工排列进路作业程序是什么?

(2)电话闭塞法时错误发出行车凭证后如何处理?

(3)电话闭塞法时取消闭塞的规定是什么?

(4)什么是中断正线行车?

(5)乘客投诉的处理方法有哪些?

(6)车站消防档案主要包含哪几部分?

(7)车站清客应急处置有哪些内容?

（8）车站现金、车票等有价证券被劫后的应急处置是什么？

（9）乘客物品掉落轨行区后应如何处置？

（10）车站直梯困人时的应急处理程序有哪些？

（11）车站发生踩踏事件后各岗位的应急处置有哪些？

（12）列车越站时的票务处理程序包括哪些？

（13）车站运能不足的票务处置程序有哪些？

参考文献

[1] 西安地铁运营标准.设备操作手册　第4部分　二号线信号专业,2018.

[2] 西安地铁运营标准.站台门故障应急处置,2018.

[3] 西安地铁运营标准.设备操作手册第12部分　二号线综合监控专业,2016.

[4] 西安地铁运营标准.行车设备施工检修管理办法,2017.

[5] 西安地铁运营标准.行车组织规则　第1部分　一号线,2019.

[6] 西安地铁运营标准.行车组织规则　第2部分　二号线,2019.

[7] 西安地铁运营标准.行车组织规则　第3部分　三号线,2019.

[8] 西安地铁运营标准.服务人员服务礼仪规范,2018.

[9] 西安市轨道交通集团有限公司运营分公司.运营员工培训手册——站务员岗位应知应会,2016.

[10] 西安市轨道交通集团有限公司运营分公司.运营员工培训手册——值班员岗位应知应会,2016.

[11] 西安市轨道交通集团有限公司运营分公司.运营员工培训手册——值班站长岗位应知应会,2016.

[12] 西安地铁运营标准.票务管理办法,2019.

[13] 西安市轨道交通集团有限公司运营分公司—中心客运一部.票务管理办法,2017.

[14] 广州市地下铁道总公司.城市轨道交通岗位技能培训教材——站务人员[M].北京:中国劳动社会保障出版社,2013.

[15] 西安市轨道交通集团有限公司运营分公司.应急预案,2014.

[16] 西安市轨道交通集团有限公司运营分公司.FAS及气灭专业设备操作手册,2014.